À Aurélien,
pour qu'il joue avec les lettres en compagnie de son parrain.

ABÉCÉD'ART

DES MOTS ET DES TABLEAUX

ISBN : 9782358323444
Éditions Palette...
15 boulevard Bourdon, 75 004 Paris
Maquettiste : Laura Lebouc
Imprimé en Pologne par Dimograf
Dépôt légal : juillet 2022
Loi n° 49-956 du 16 juillet 1949 sur les publications destinées à la jeunesse.

ABÉCÉD'ART

DES MOTS ET DES TABLEAUX

Sophie Bordet-Petillon

Palette...

CHERCHE ET TROUVE

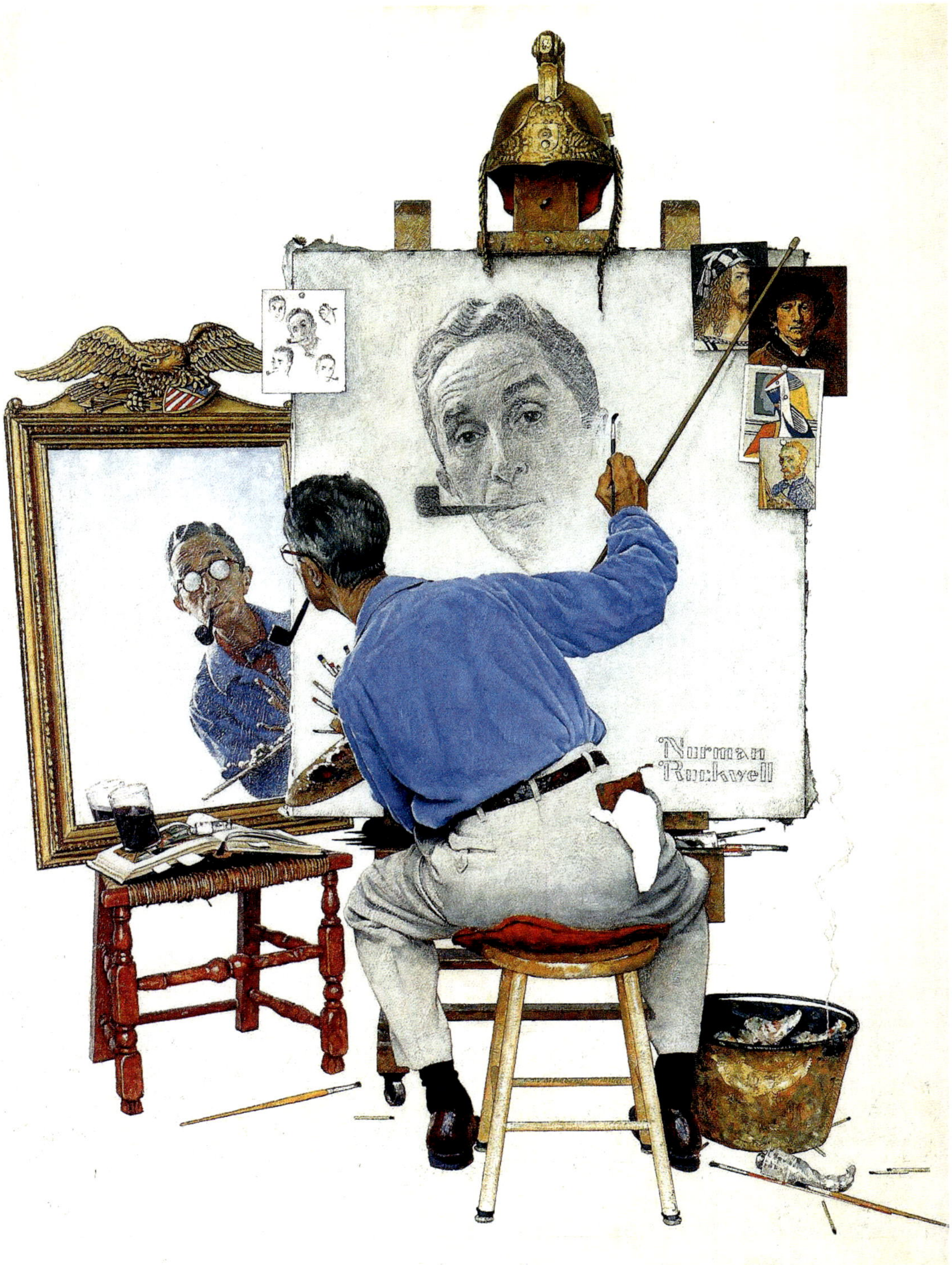

Norman Rockwell, *Triple autoportrait*, 1960.

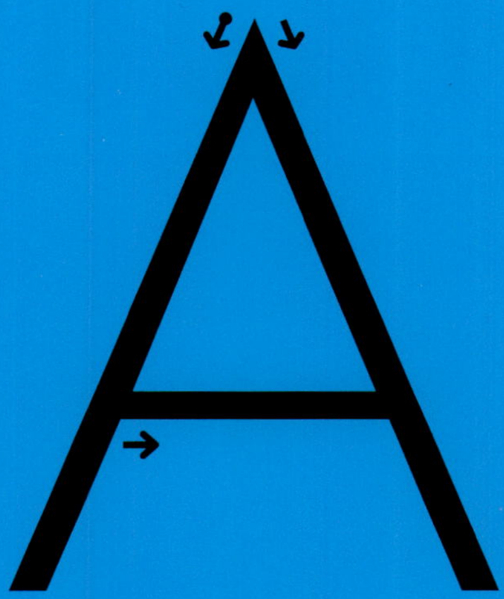

COMME UN

AIGLE

COMME UN

ARTISTE

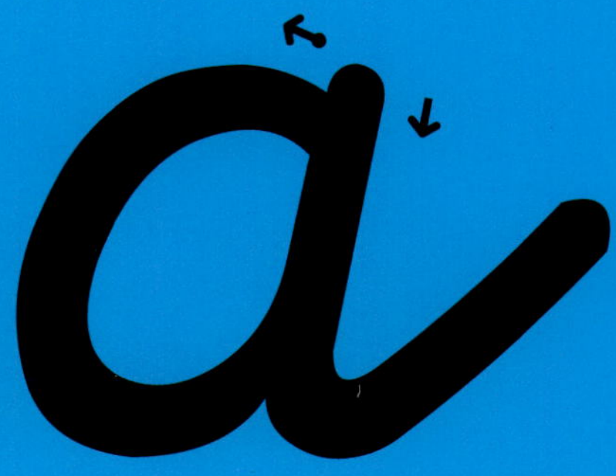

CHERCHE ET TROUVE

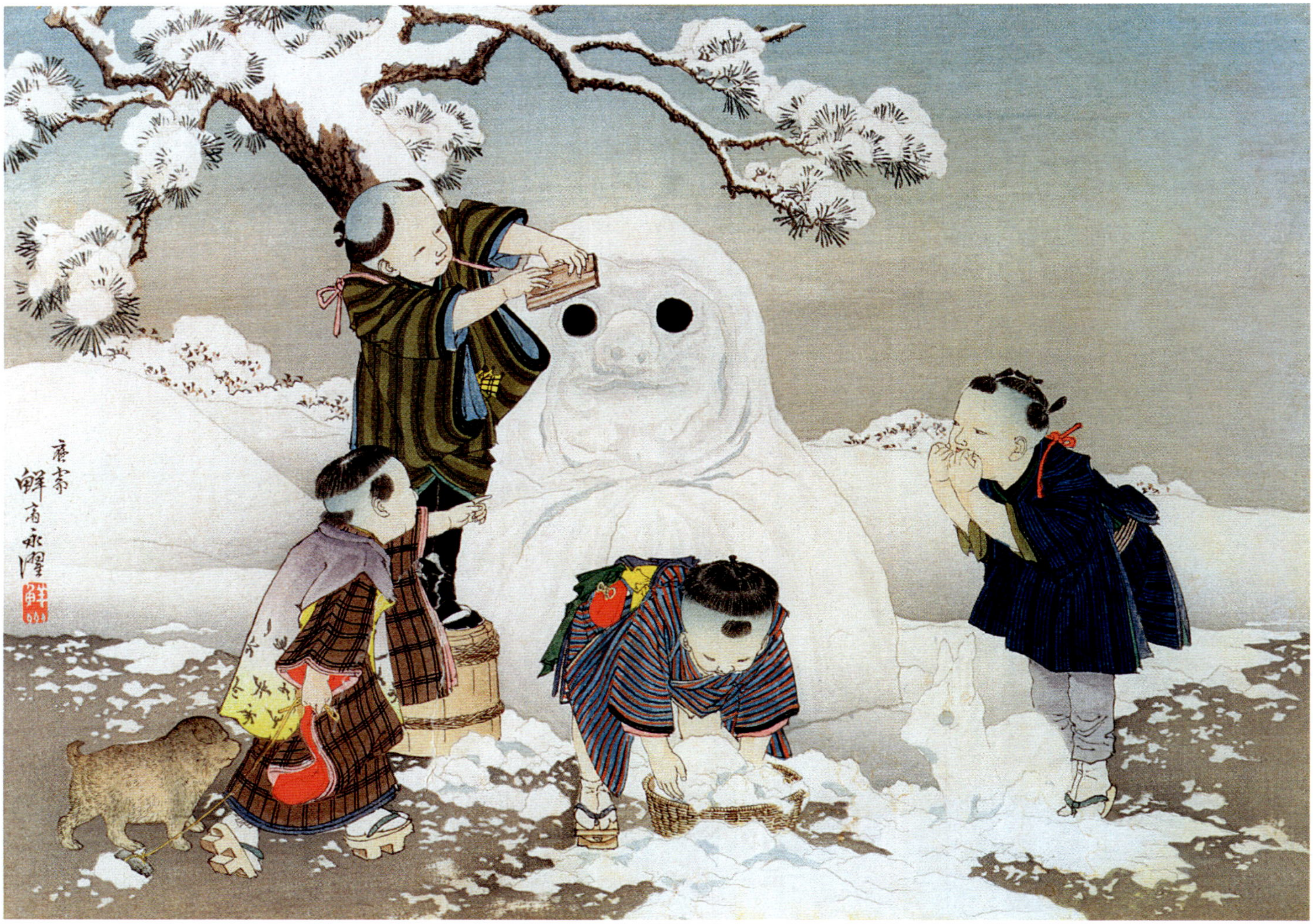

Kobayashi Eitaku, *Bonhomme de neige*, œuvre extraite de la série *Jeux d'enfants*, 1888.

B

COMME UN

BONHOMME DE NEIGE

COMME DU

BOIS

b

CHERCHE ET TROUVE

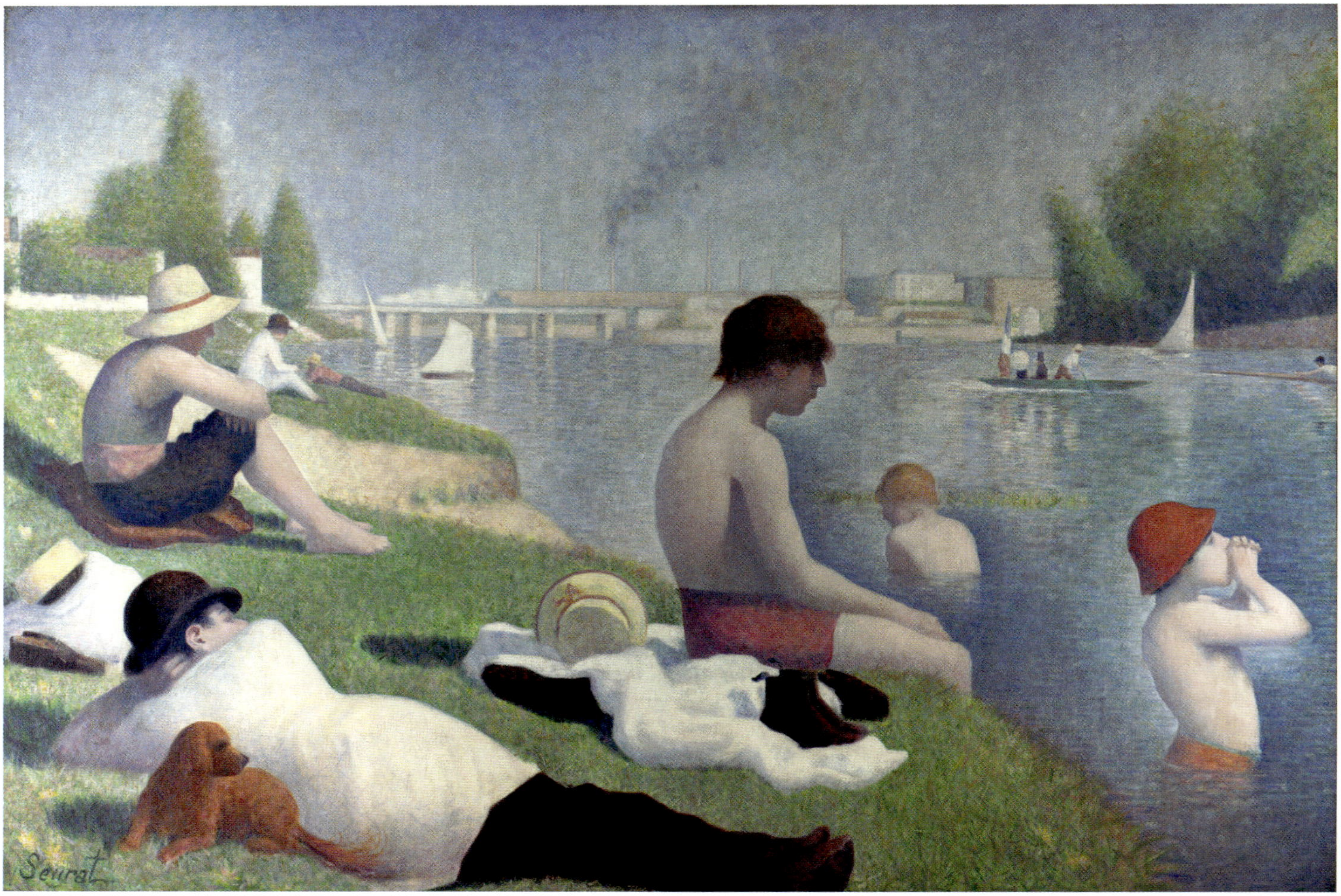

Georges Seurat, *Une Baignade à Asnières*, 1884.

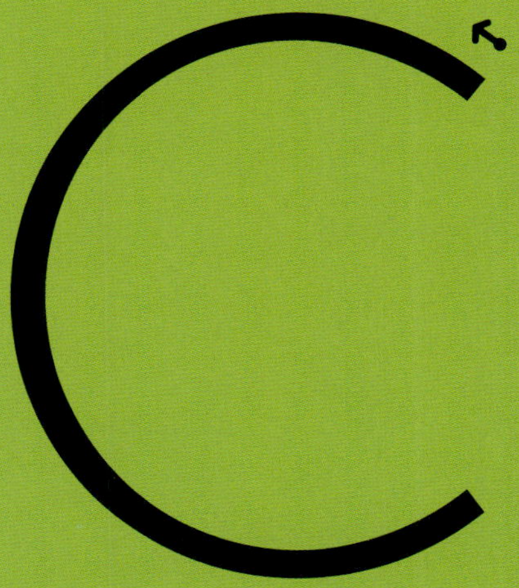

COMME UN
CHIEN

COMME UN
CHAPEAU

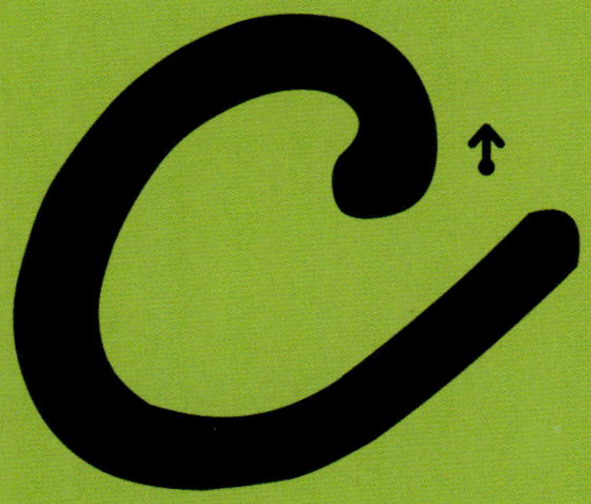

CHERCHE ET TROUVE

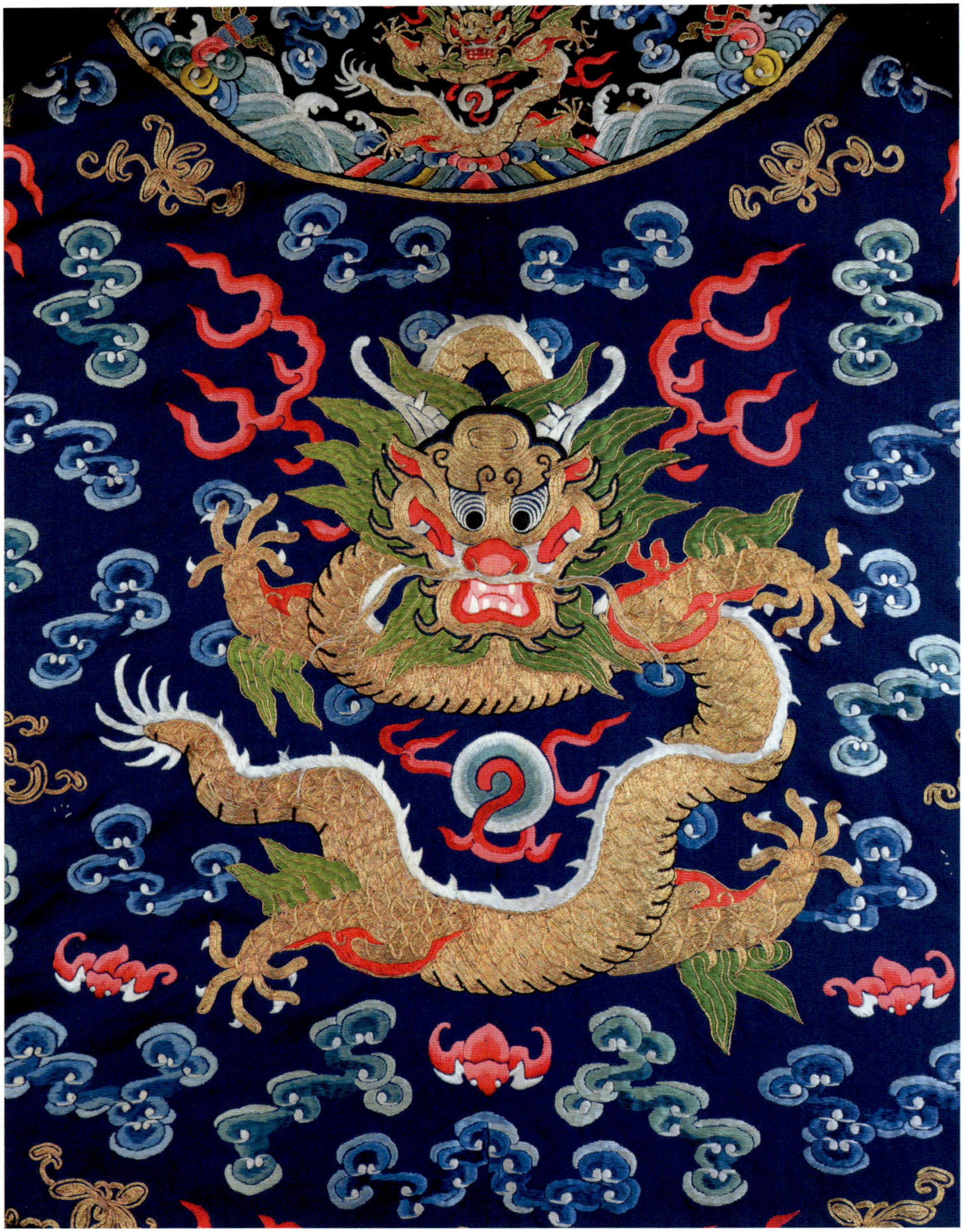

Détail d'un vêtement datant de la dynastie Tang, vers 618-907.

D

COMME UN
DRAGON

COMME UNE
DENT

d

CHERCHE ET TROUVE

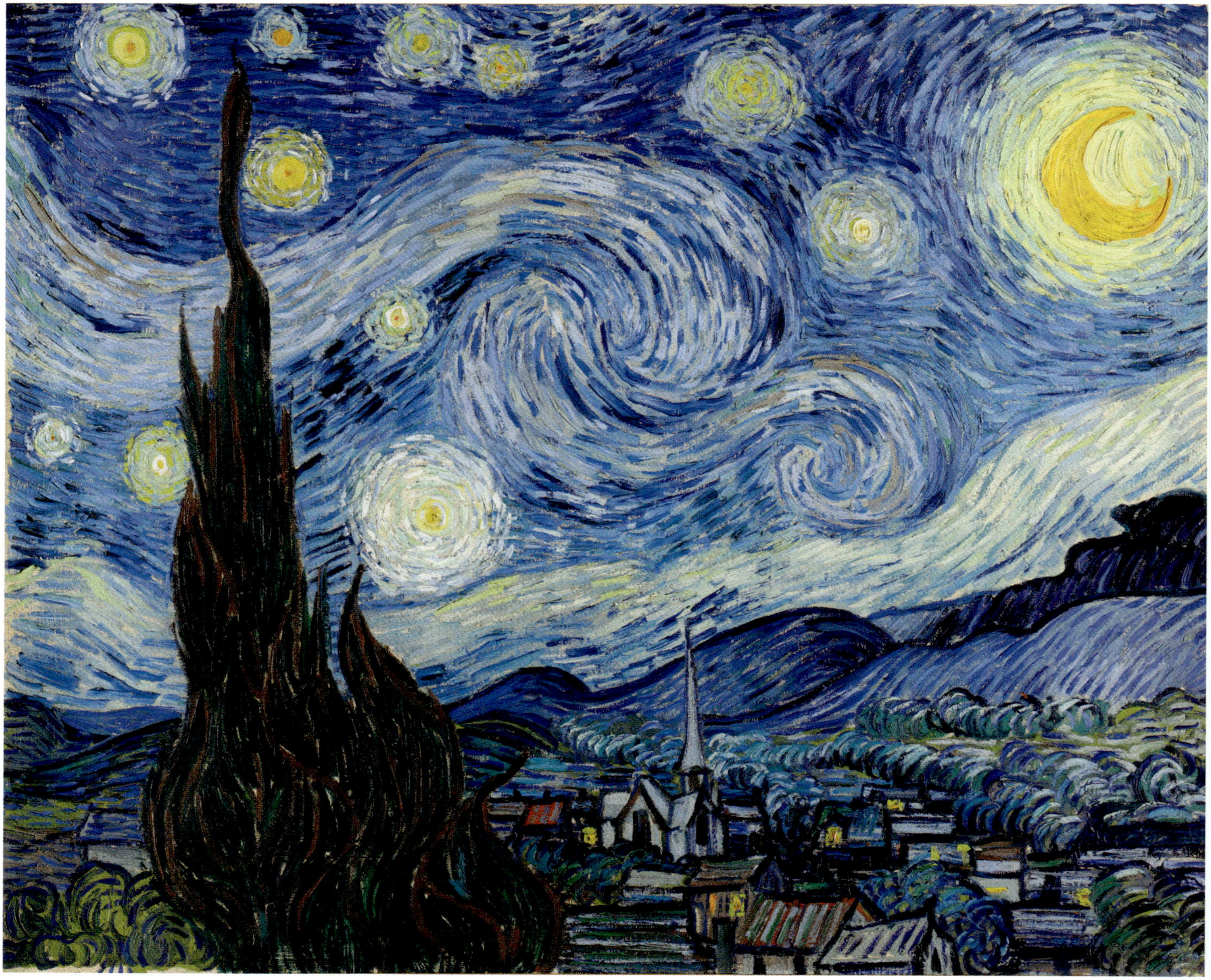

Vincent van Gogh, *La Nuit étoilée*, 1889.

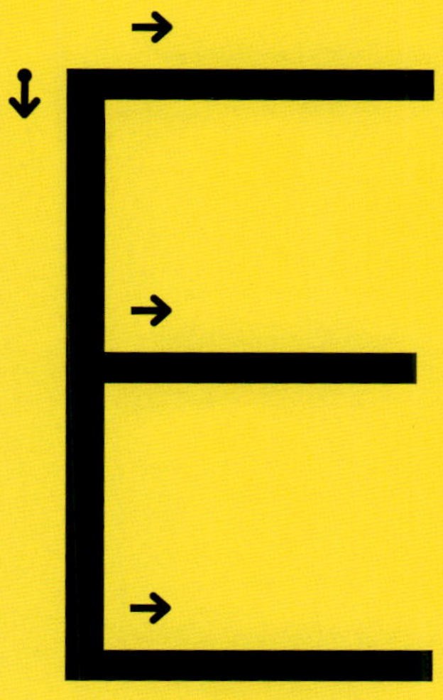

COMME UNE
ÉTOILE

COMME UNE
ÉGLISE

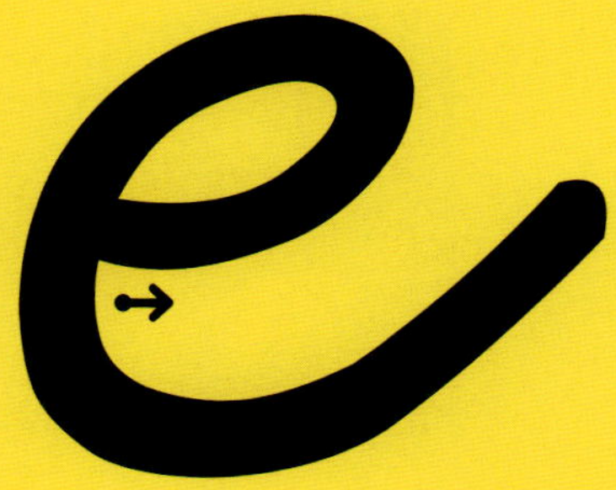

CHERCHE ET TROUVE

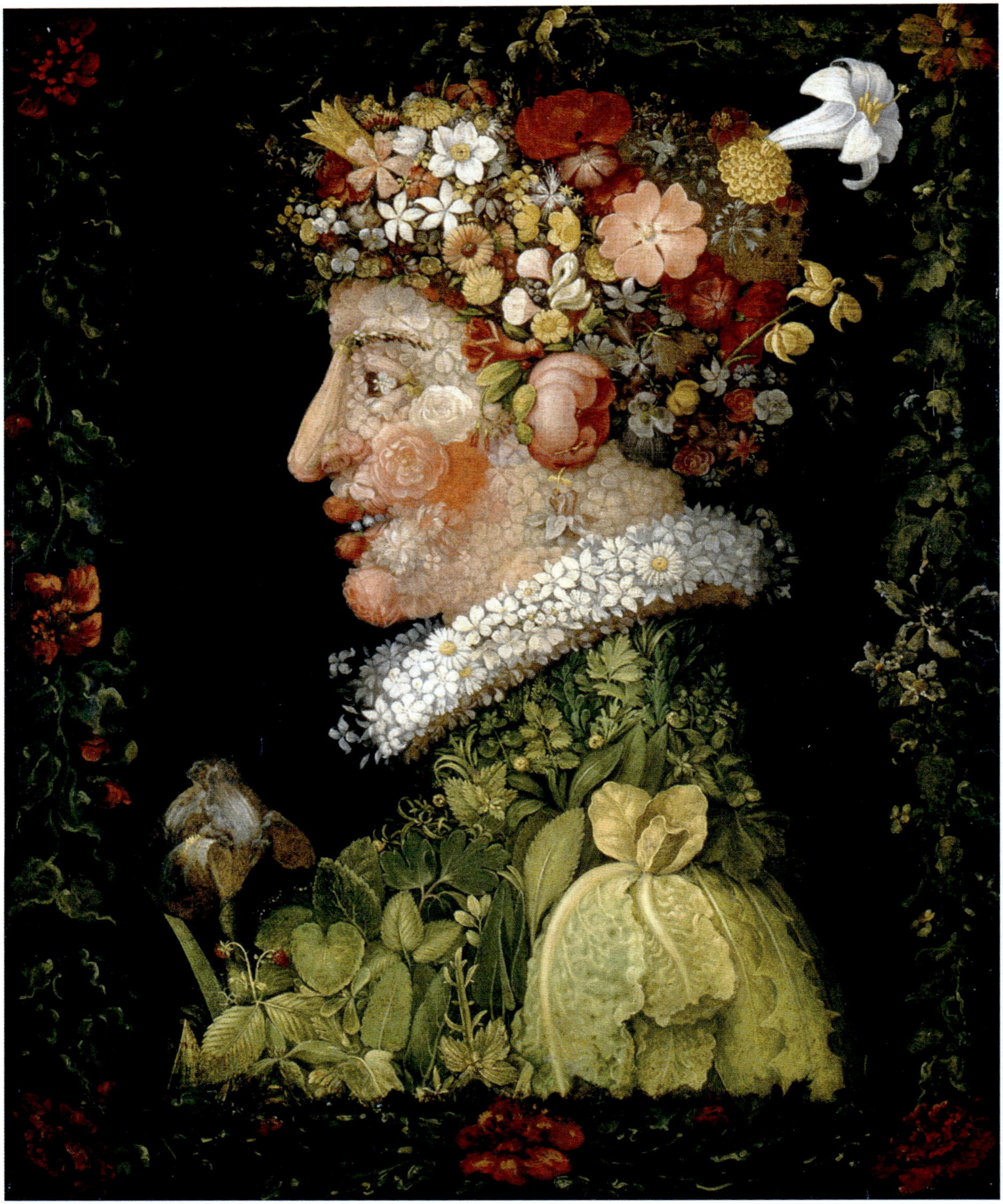

Giuseppe Arcimboldo, *Le Printemps*, 1573.

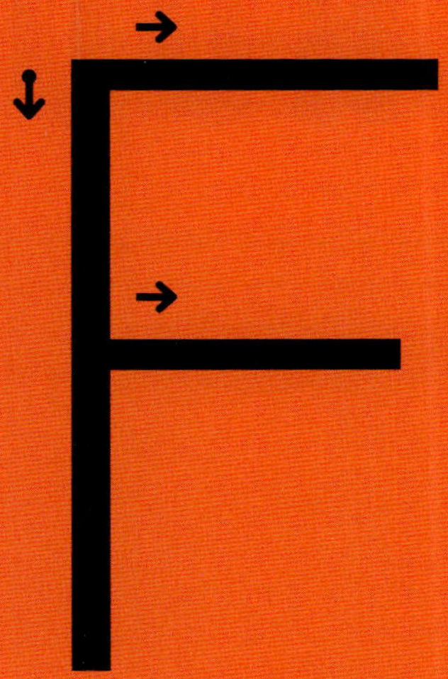

COMME UNE
FEUILLE

COMME UNE
FLEUR

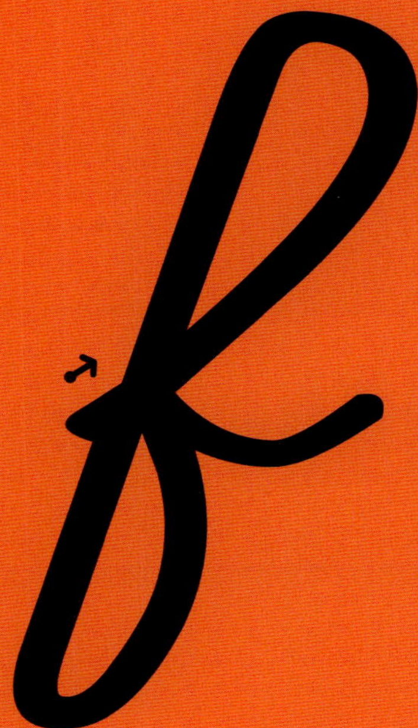

CHERCHE ET TROUVE

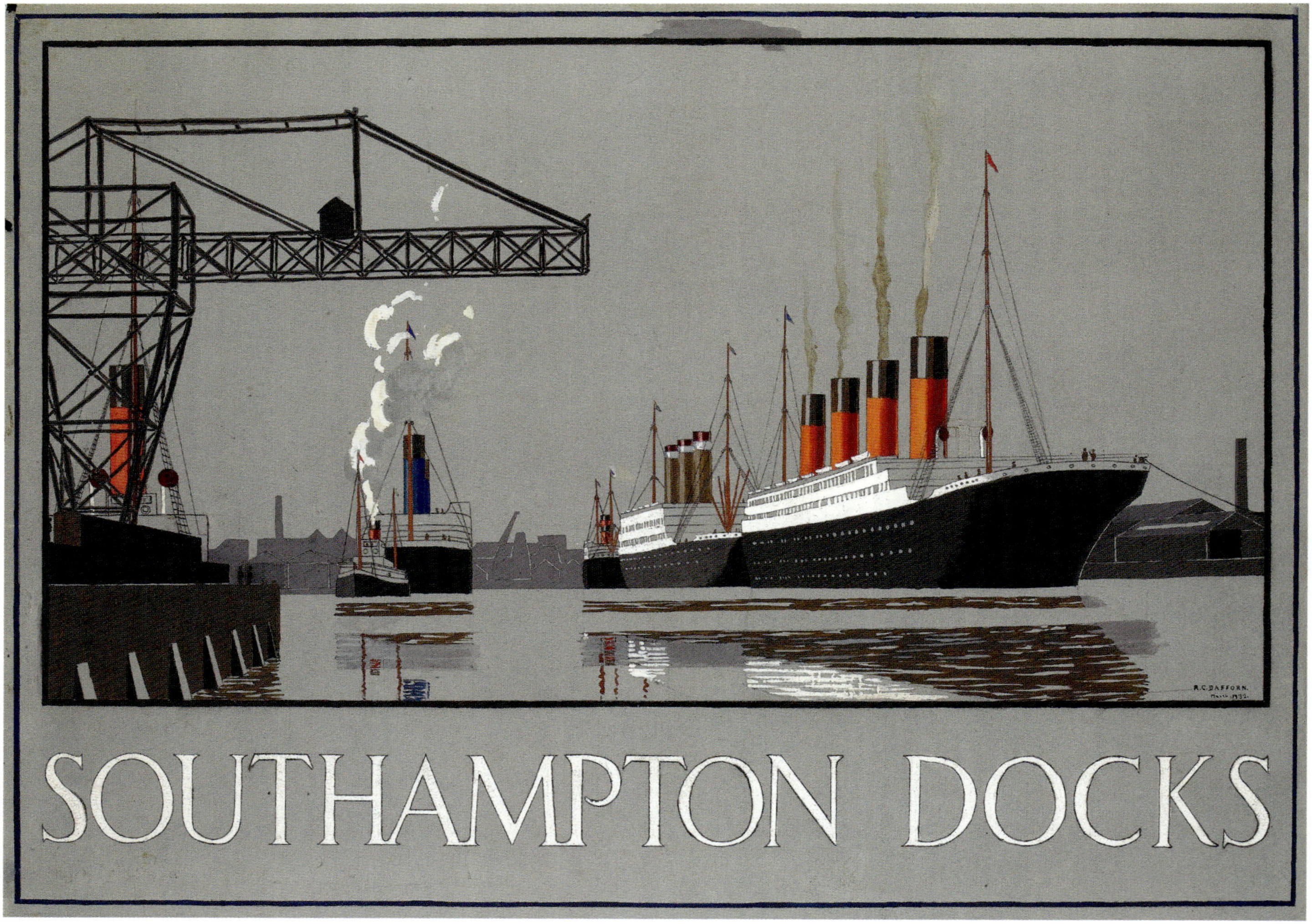

R. C. Dafforn, *Southampton Docks*, 1932.

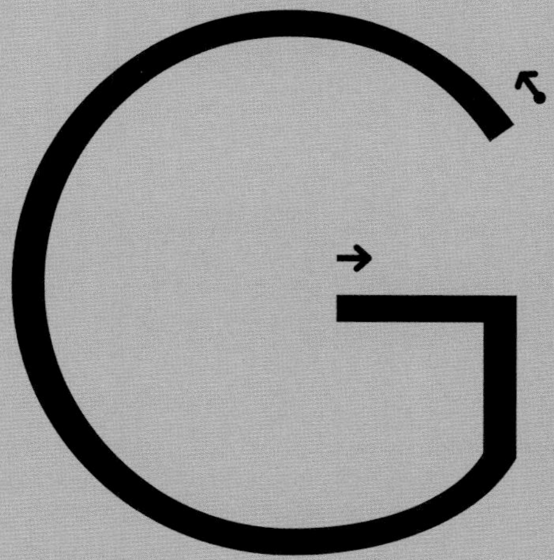

COMME UNE
GRUE

COMME DU
GRIS

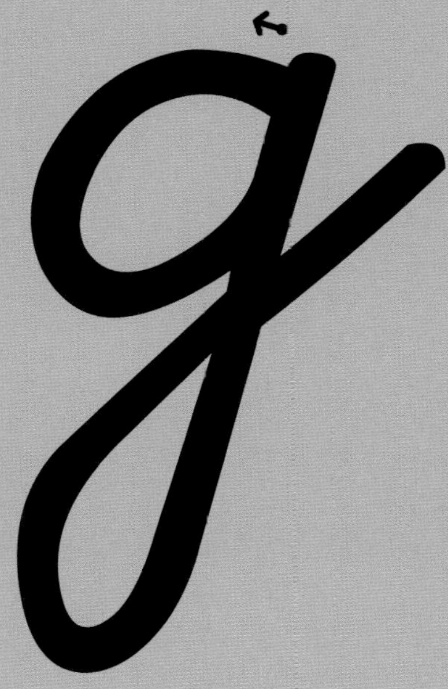

CHERCHE ET TROUVE

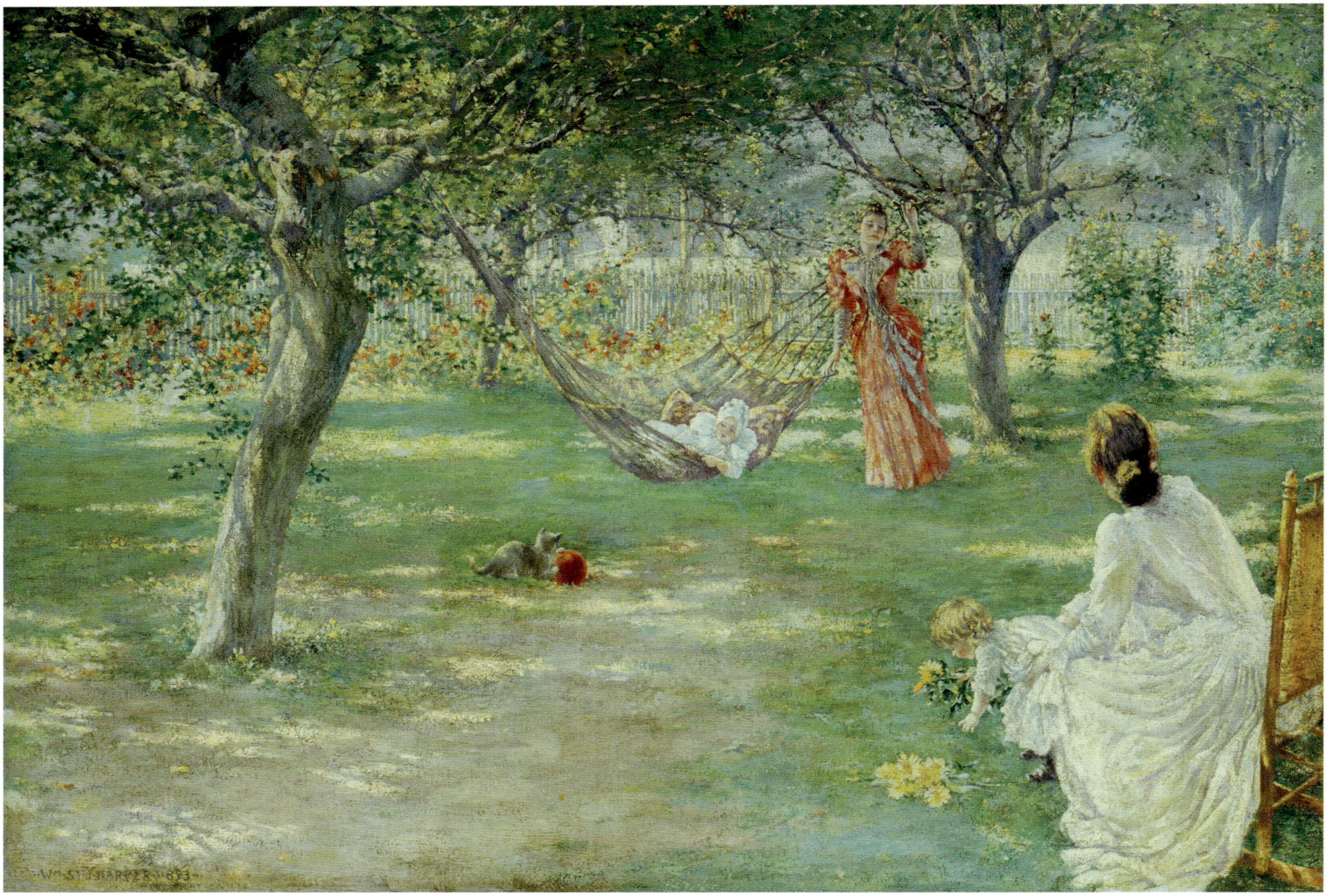

William St. John Harper, *Mid-Summer, East Hampton, New York*, 1893.

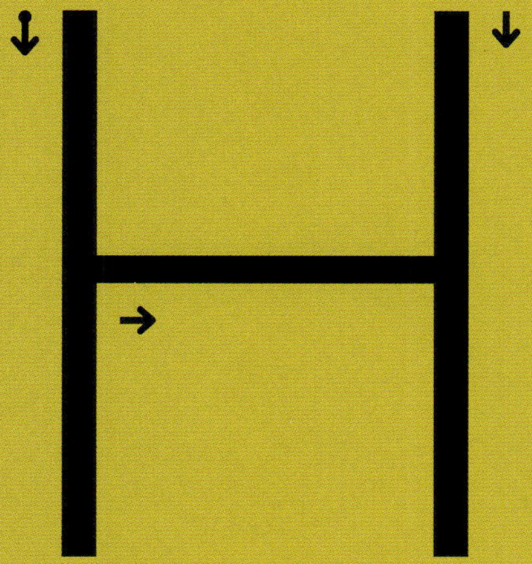

COMME UN
HAMAC

COMME DE
L'**HERBE**

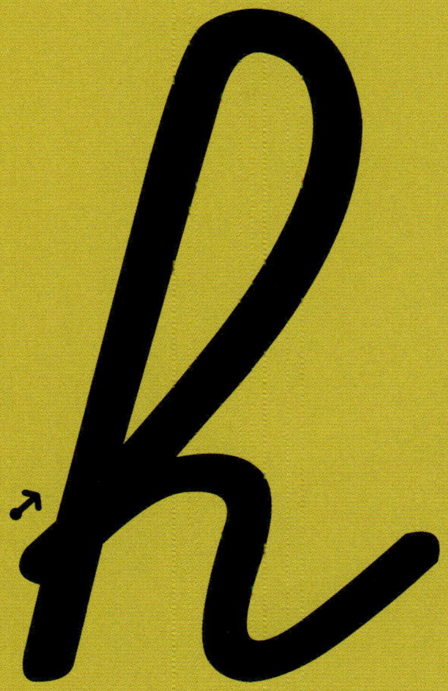

CHERCHE ET TROUVE

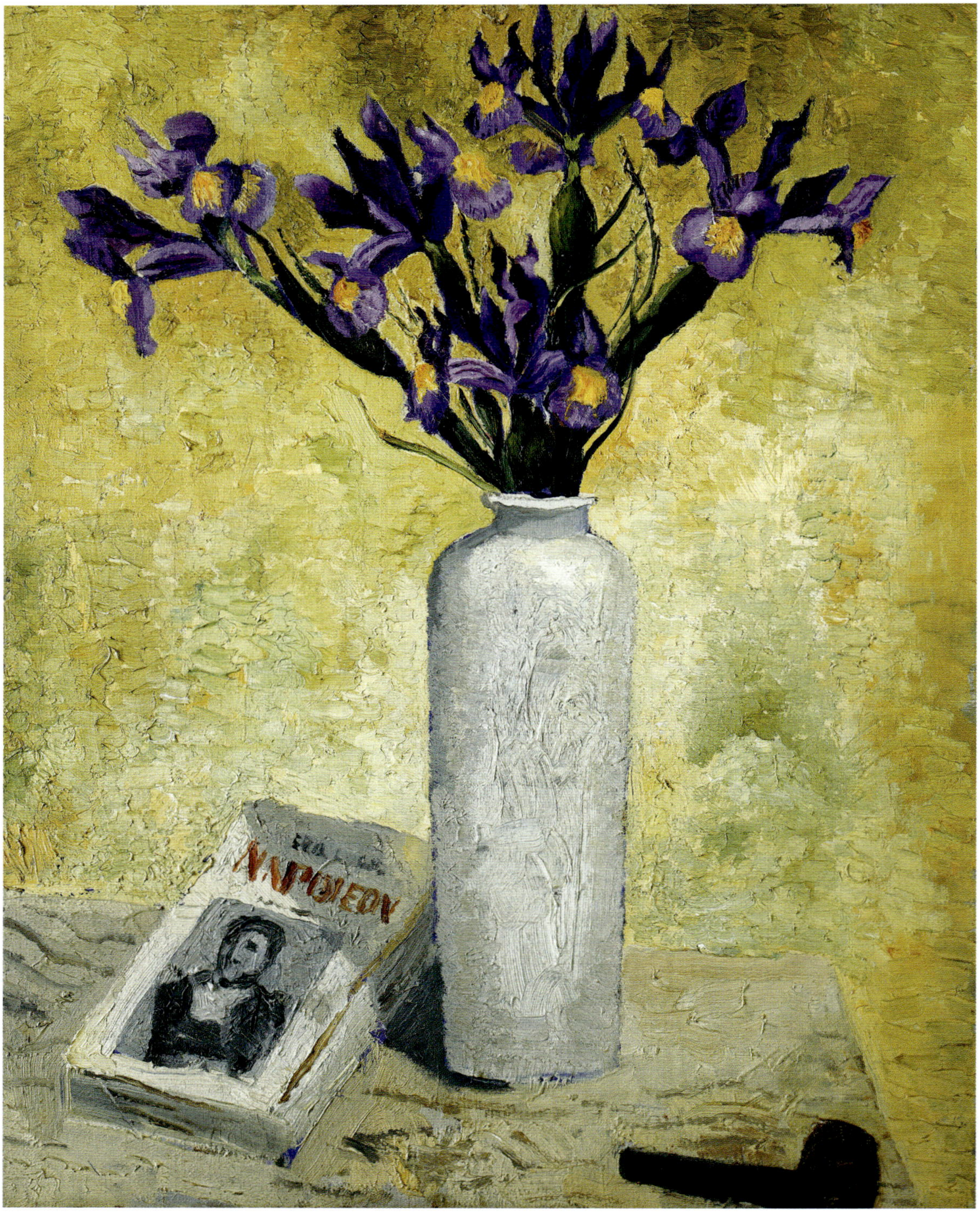

Christopher Wood, *Iris dans un grand vase*, 1928.

COMME UN
IRIS

COMME UNE
IMAGE

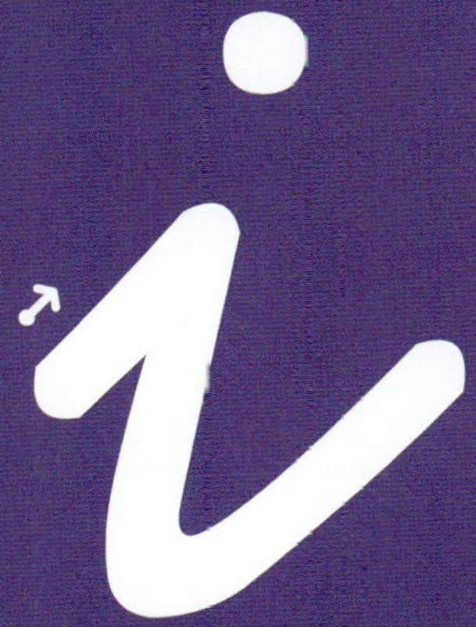

CHERCHE ET TROUVE

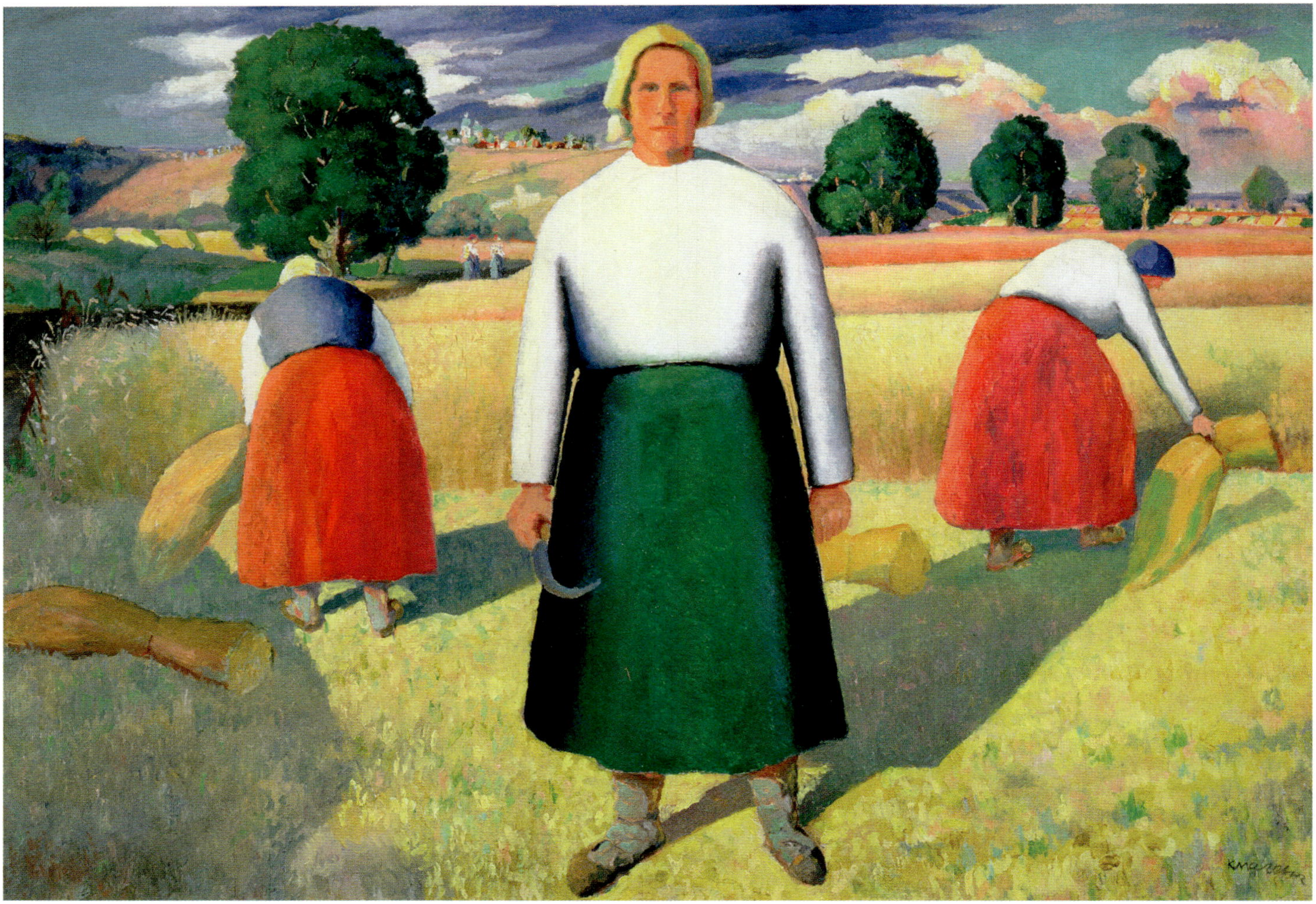

Kasimir Malevitch, *Les Moissonneuses*, vers 1910.

COMME UNE
JUPE

COMME DU
JAUNE

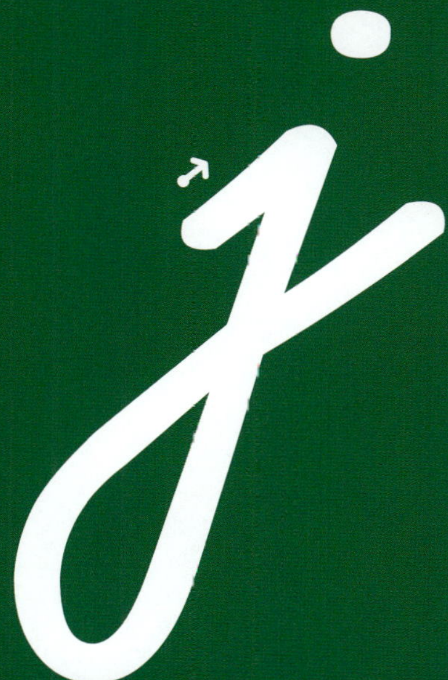

CHERCHE ET TROUVE

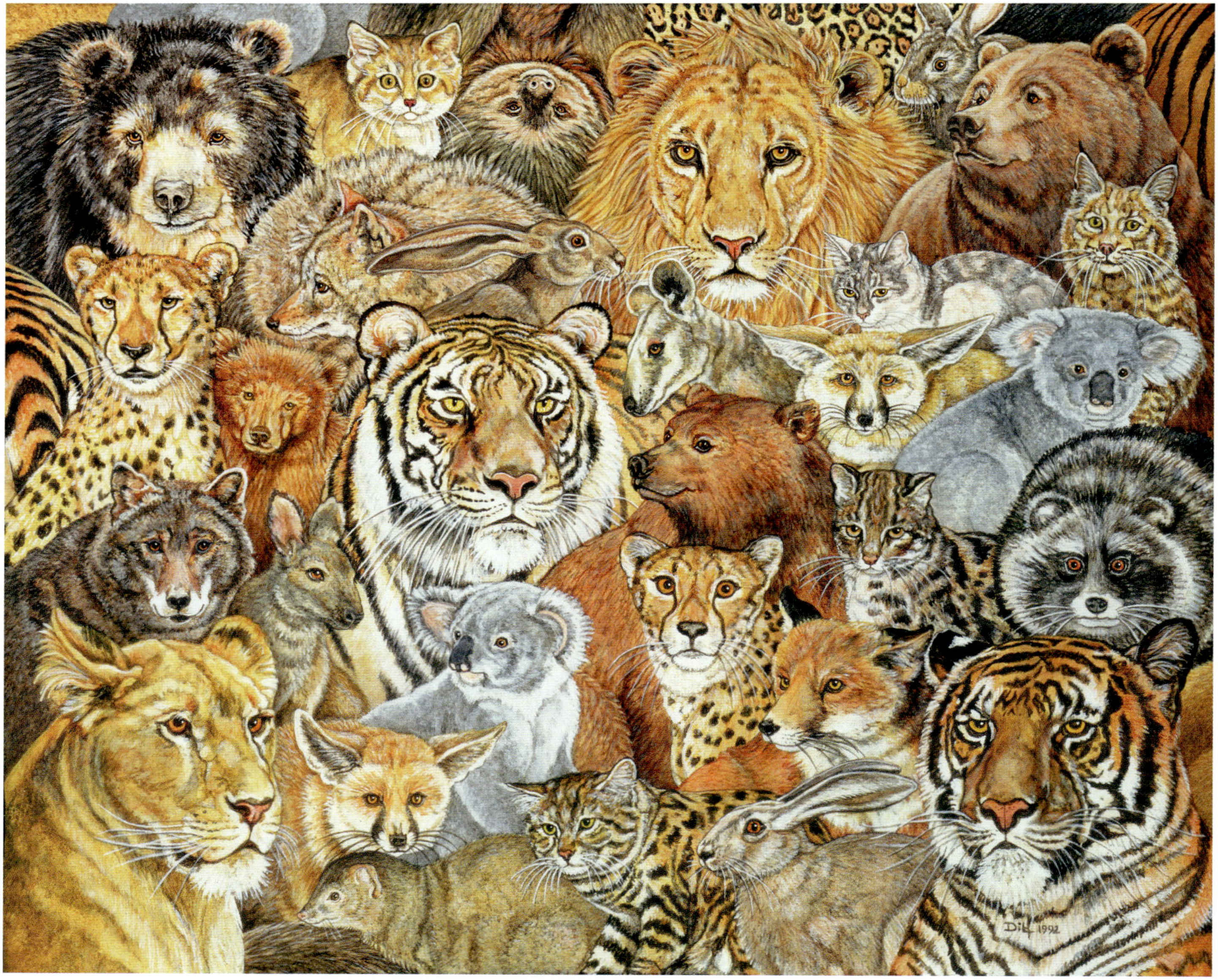

Ditz, *The Wild Bunch* (trad. *La bande sauvage*), 2015.

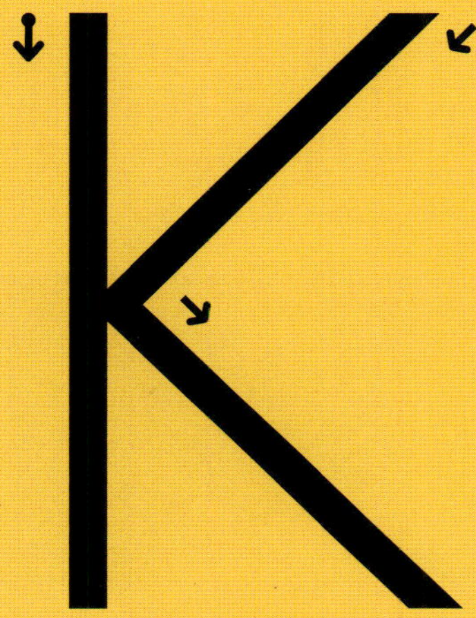

COMME UN
KOALA

COMME UN
KANGOUROU

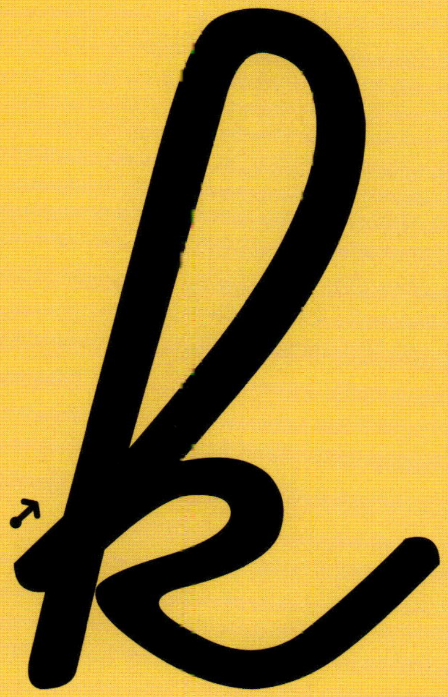

CHERCHE ET TROUVE

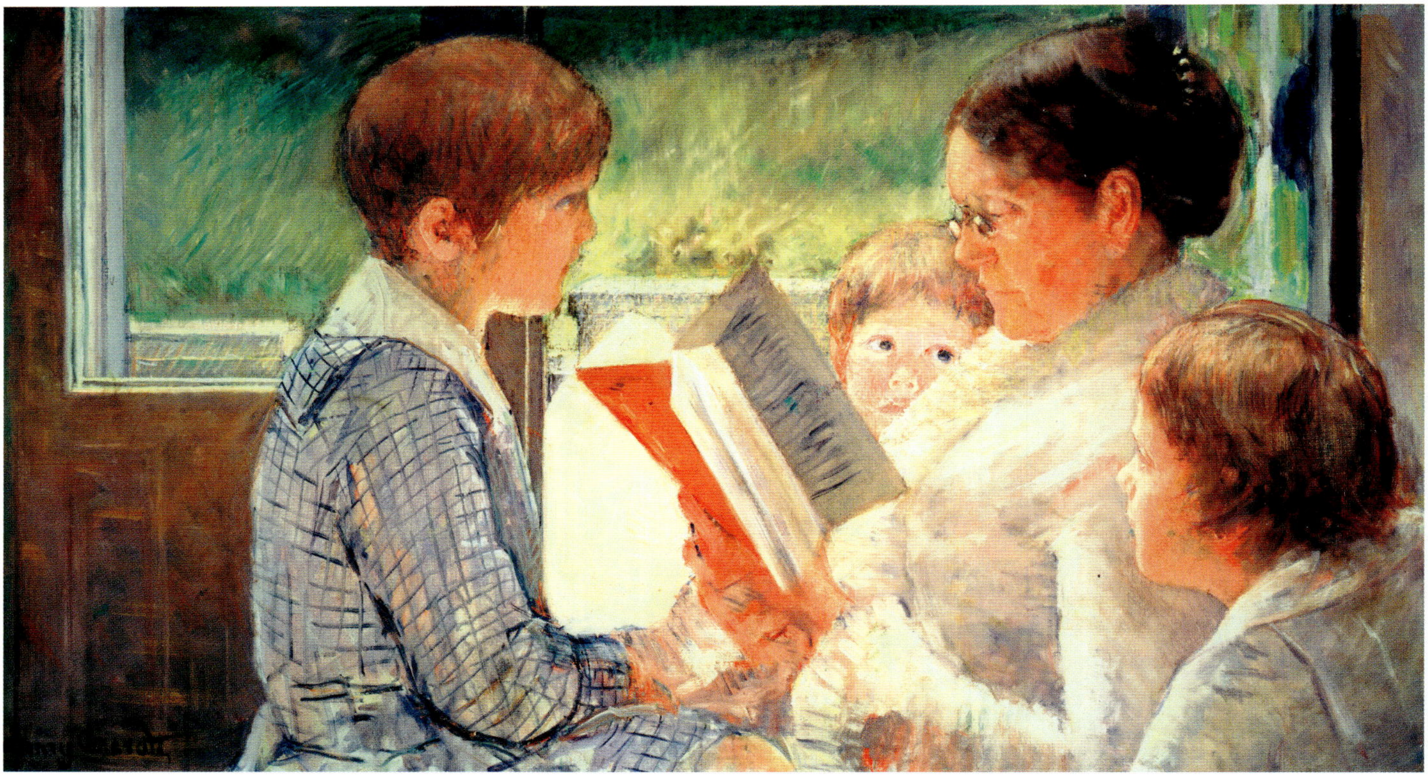

Mary Stevenson Cassatt, *Madame Cassatt faisant la lecture à ses petits-enfants*, 1880.

COMME UN
LIVRE

COMME DES
LUNETTES

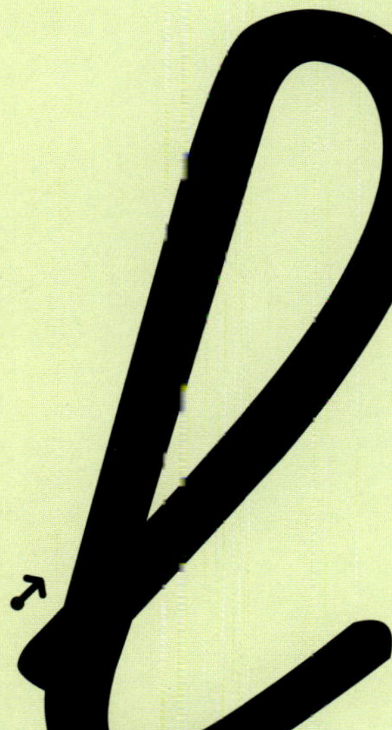

CHERCHE ET TROUVE

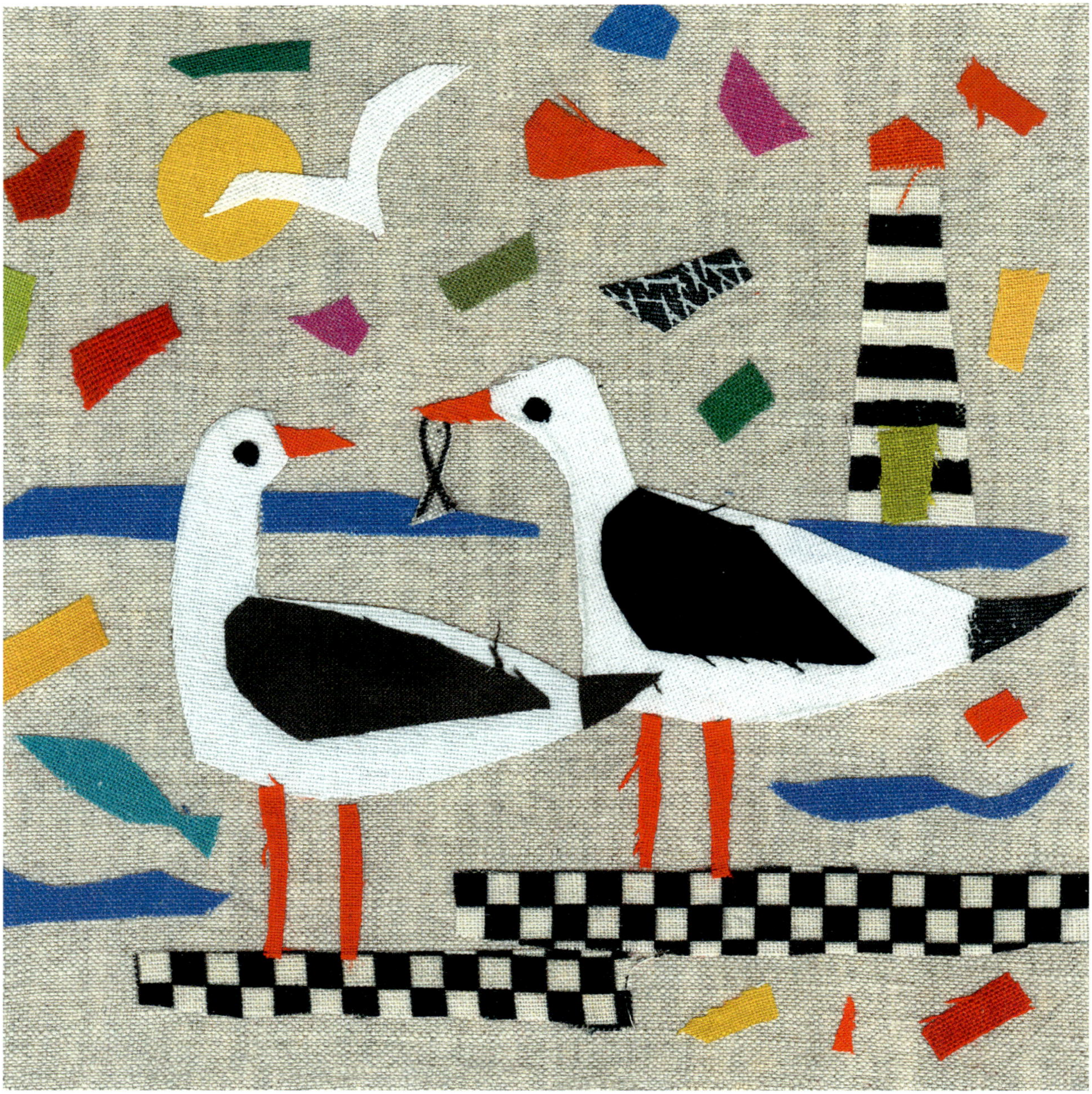

Jenny Frean, *Ello Darlin*, 2018.

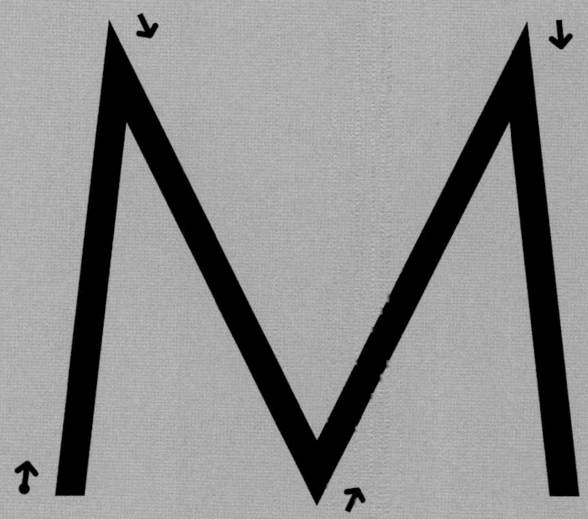

COMME LA
MER

COMME UNE
MOUETTE

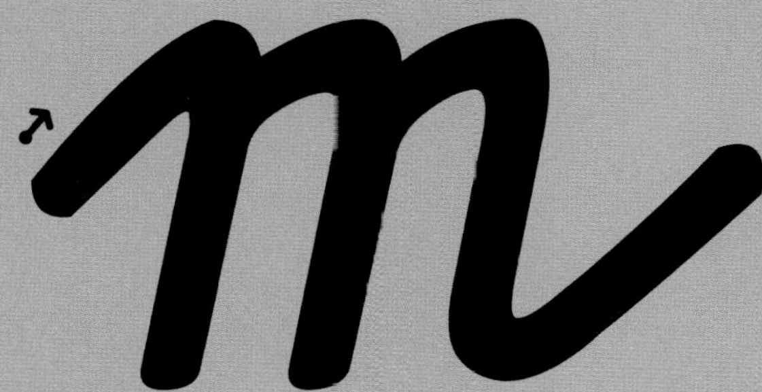

CHERCHE ET TROUVE

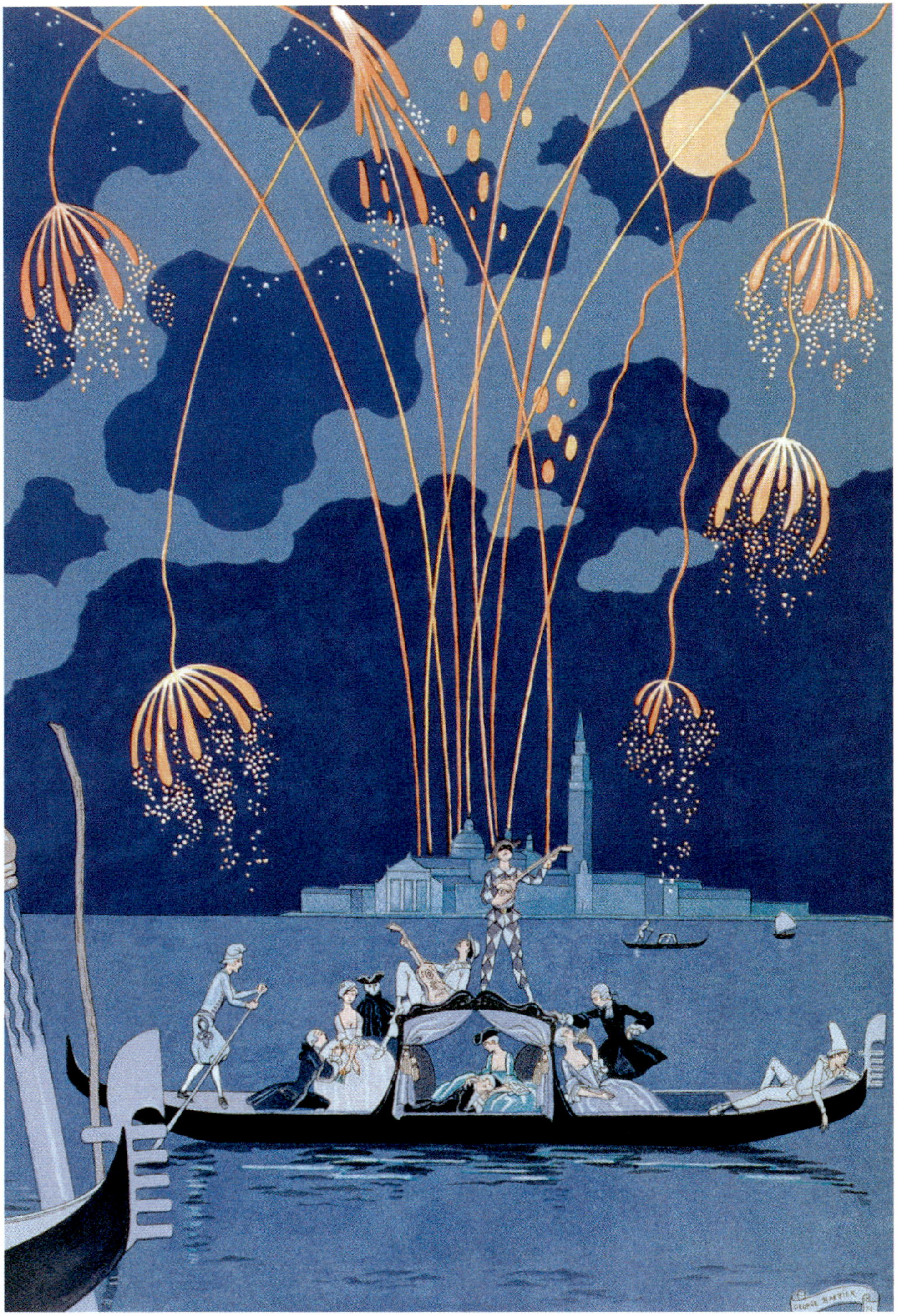

George Barbier, *Feux d'artifices à Venise*, illustration pour *Les Fêtes Galantes* de Paul Verlaine, 1924.

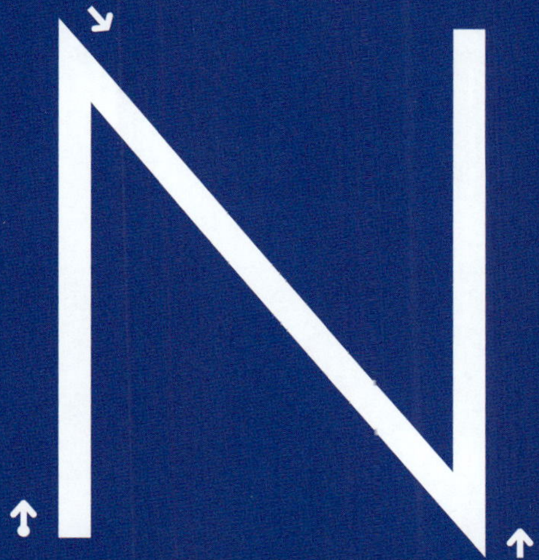

COMME UN
NUAGE

COMME LA
NUIT

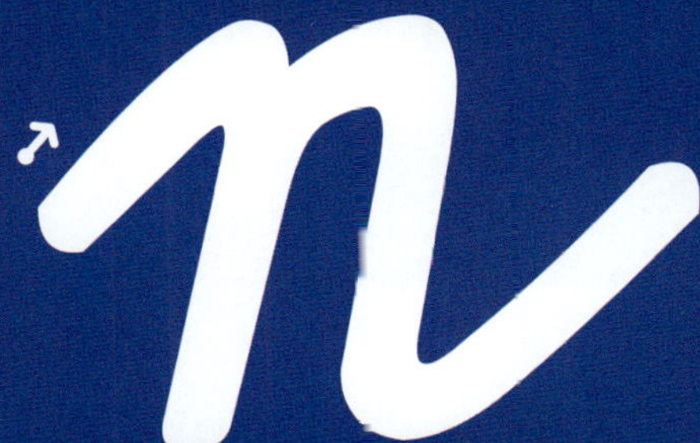

CHERCHE ET TROUVE

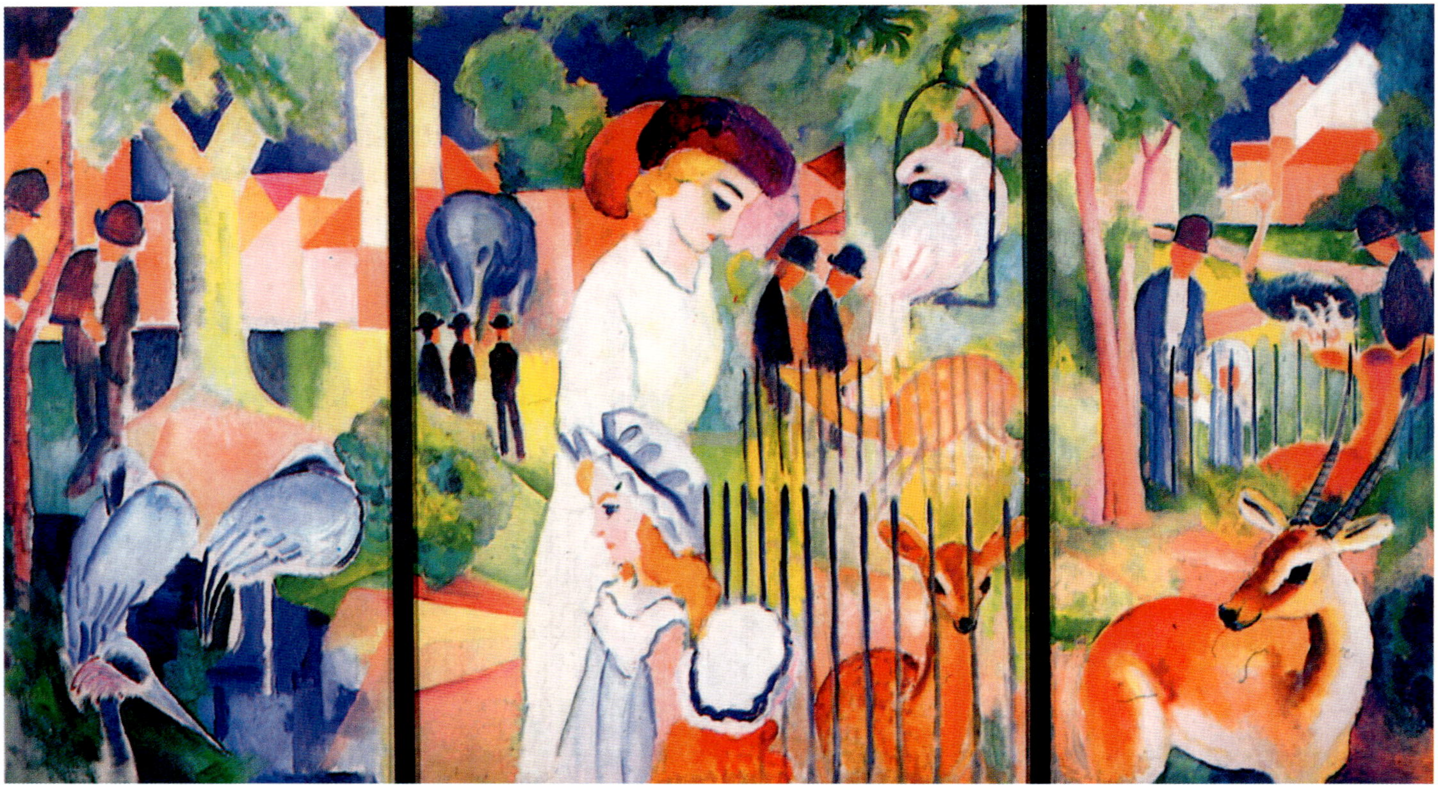

August Macke, *Jardin zoologique*, 1913.

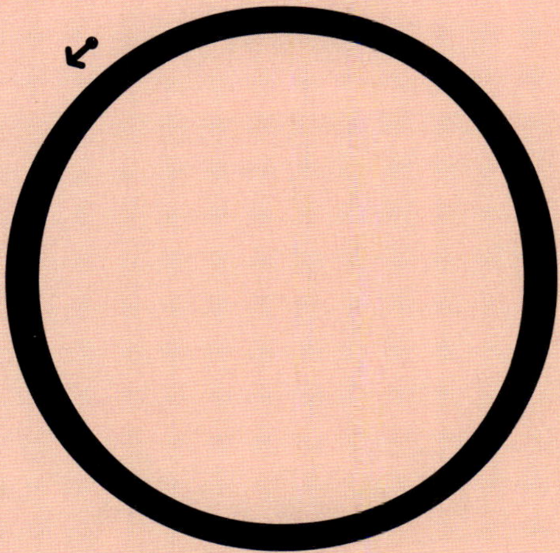

COMME UN
OISEAU

COMME DU
ORANGE

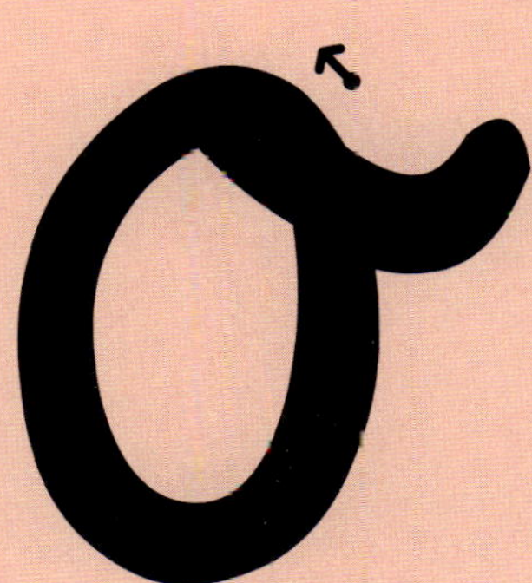

CHERCHE ET TROUVE

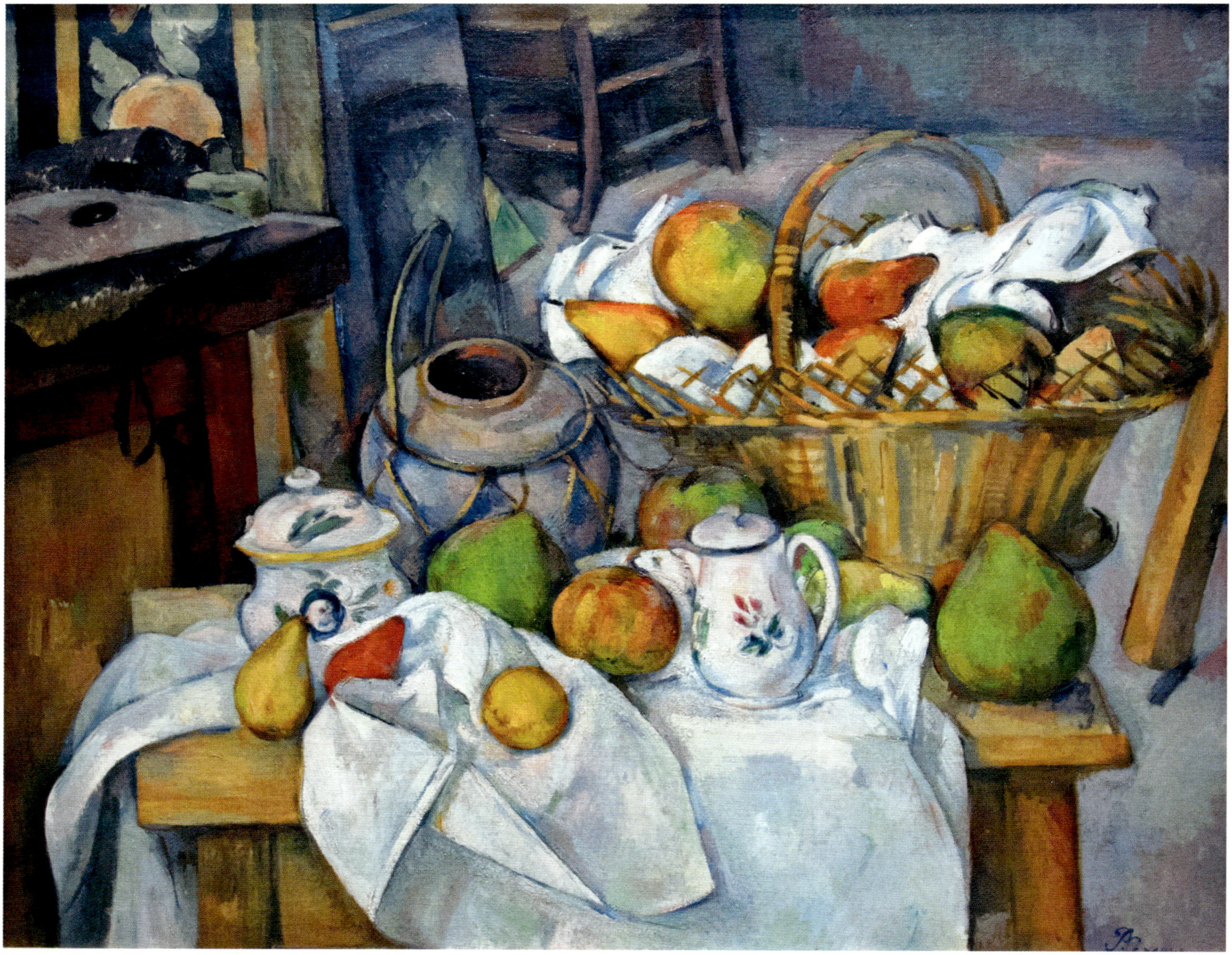

Paul Cézanne, *Nature morte au panier* ou *La Table de cuisine*, 1888-1890.

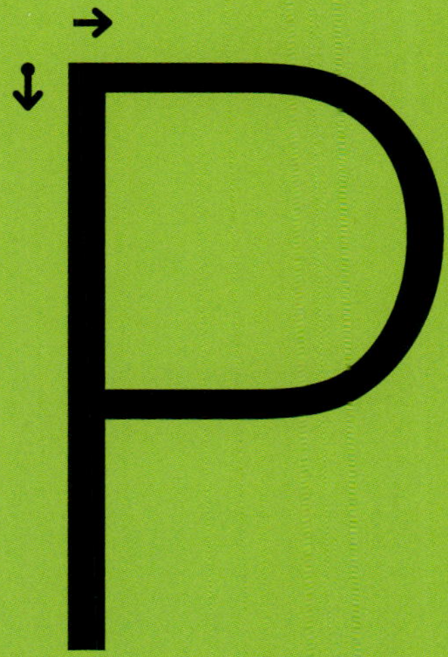

COMME UNE
POMME

COMME UNE
POIRE

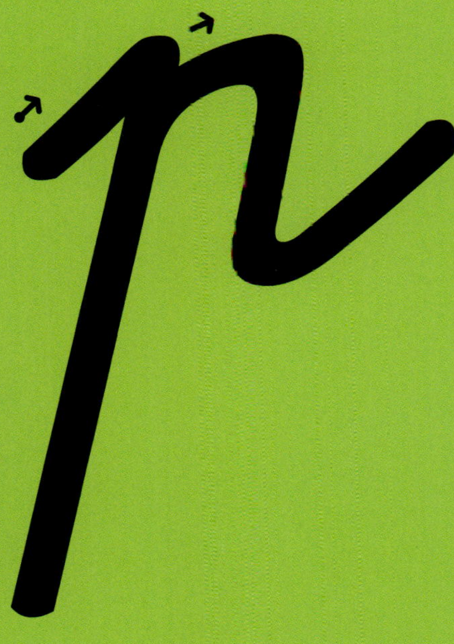

CHERCHE ET TROUVE

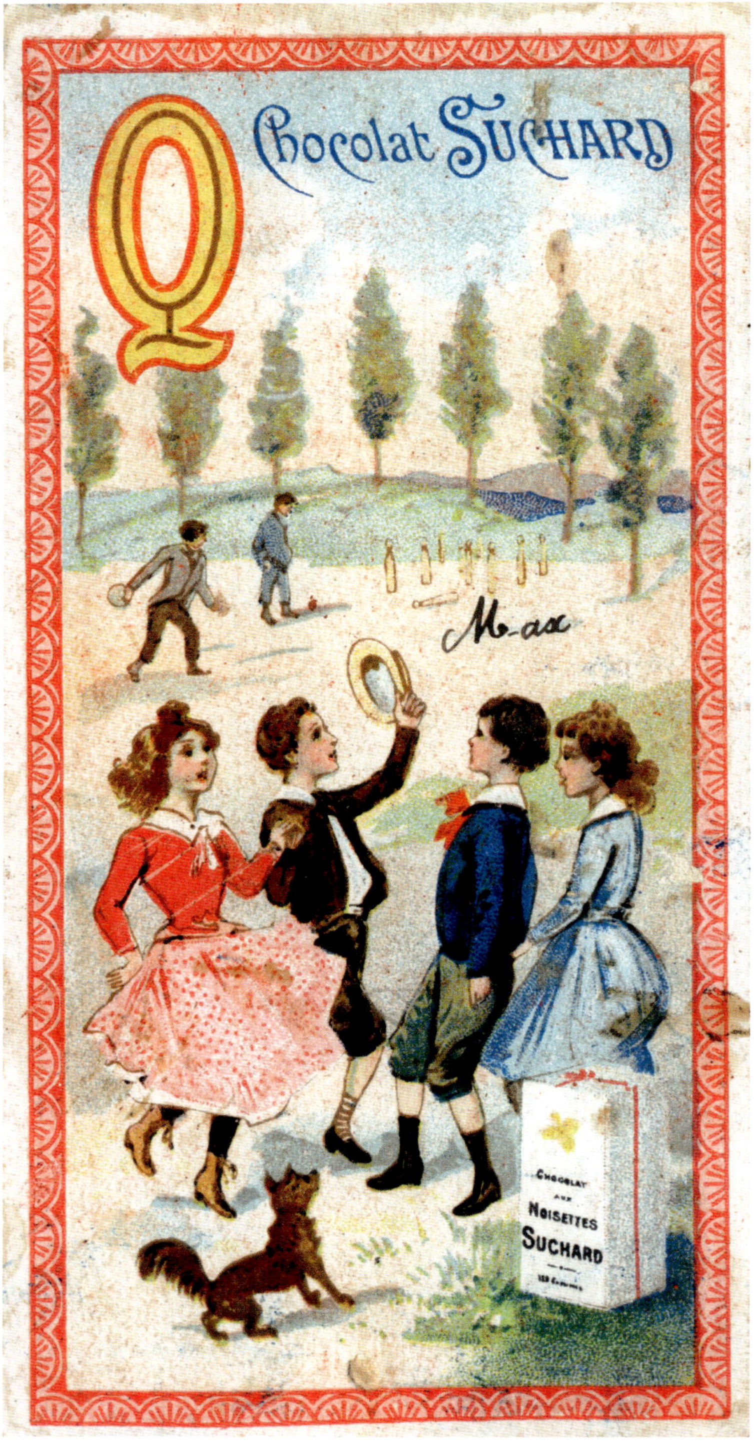

Jean Duvallon, Pub Chocolat Suchard, XXe siècle.

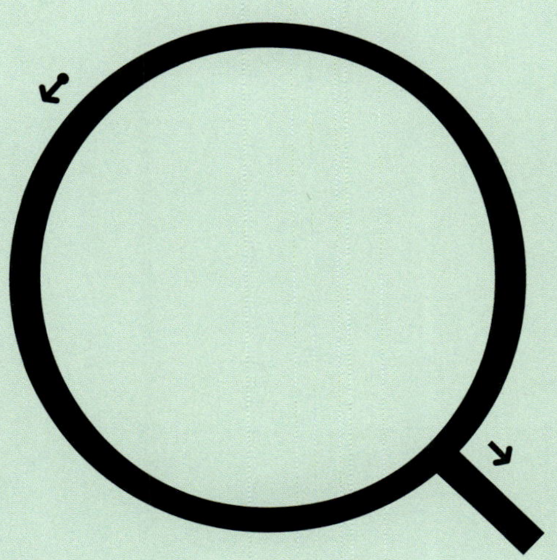

COMME UNE
QUILLE

COMME UNE
QUEUE

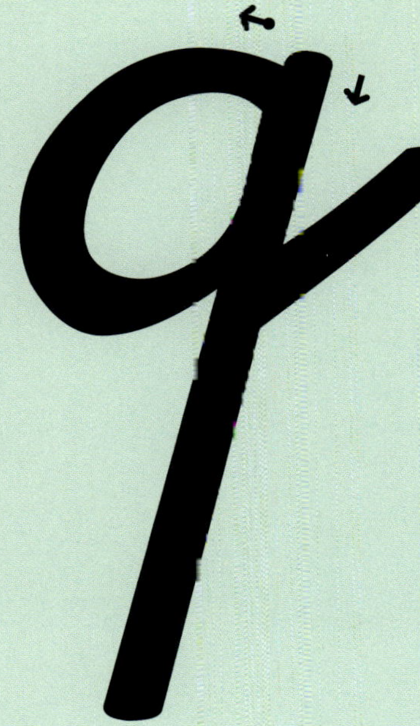

CHERCHE ET TROUVE

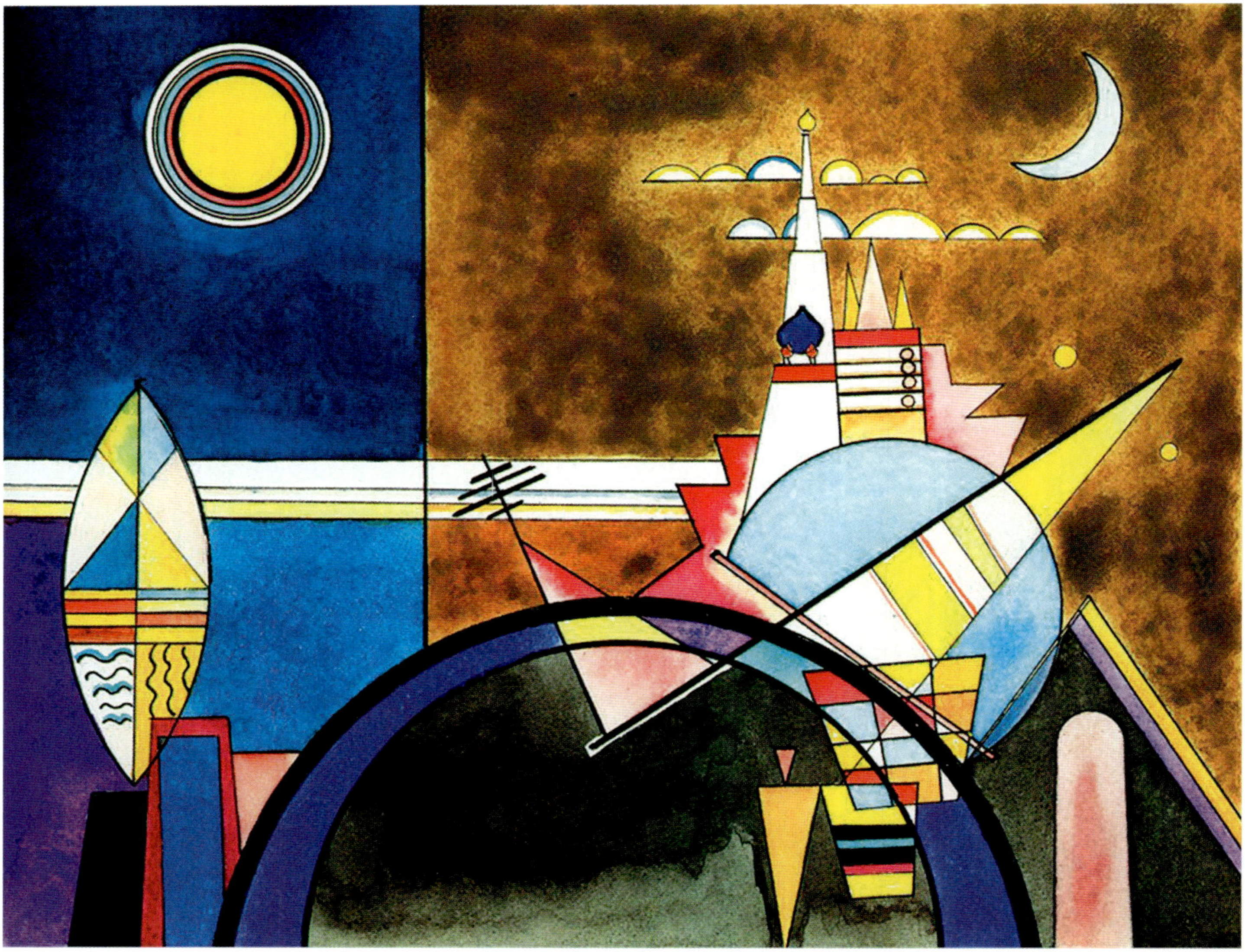

Vassily Kandinsky, *Tableau XVI, La Grande Porte de Kiev*, 1924.

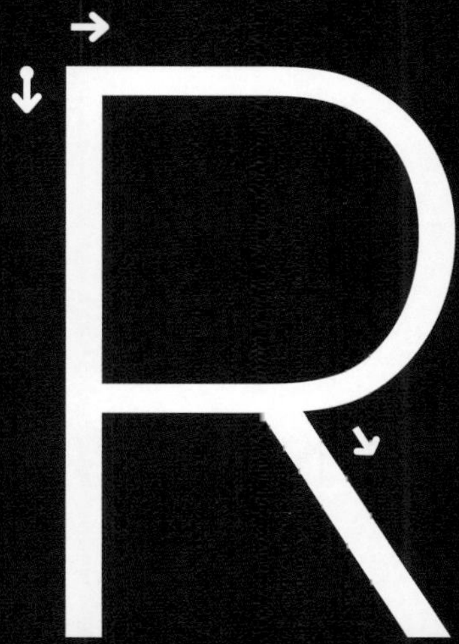

COMME UN
RONDE

COMME DU
ROSE

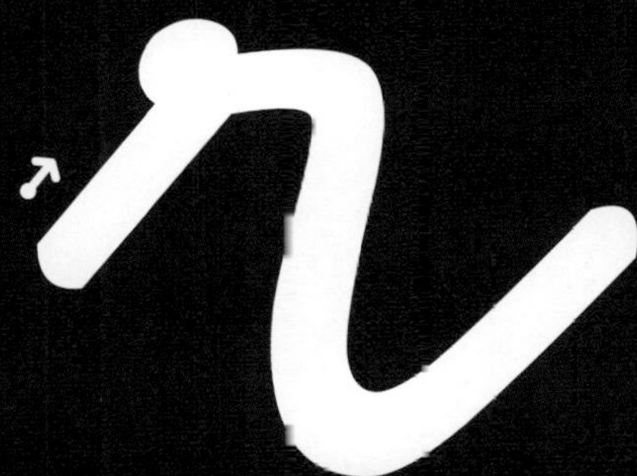

CHERCHE ET TROUVE

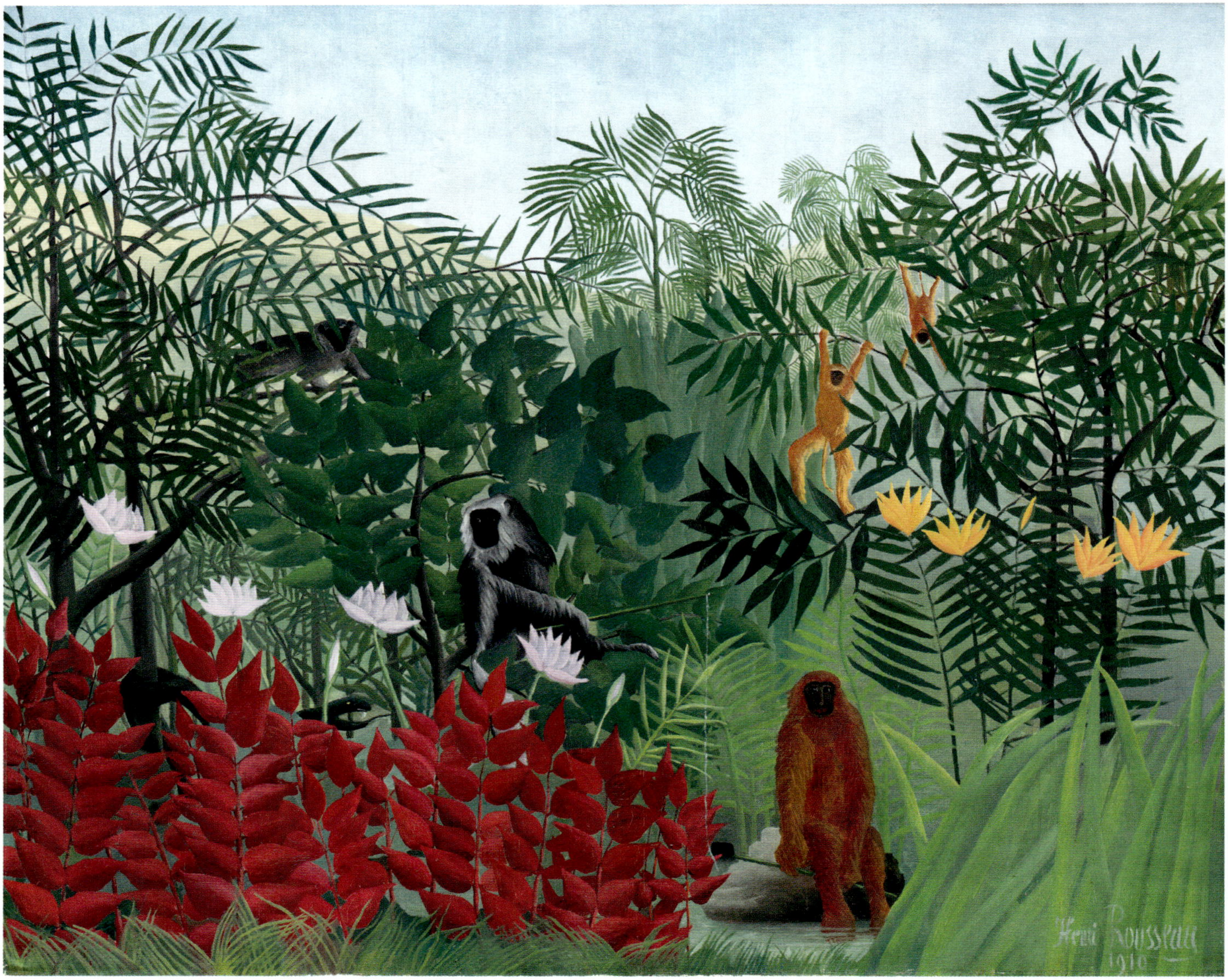

Henri Rousseau dit Le Douanier Rousseau, *Forêt tropicale avec des singes*, 1910.

COMME UN

SERPENT

COMME UN

SINGE

CHERCHE ET TROUVE

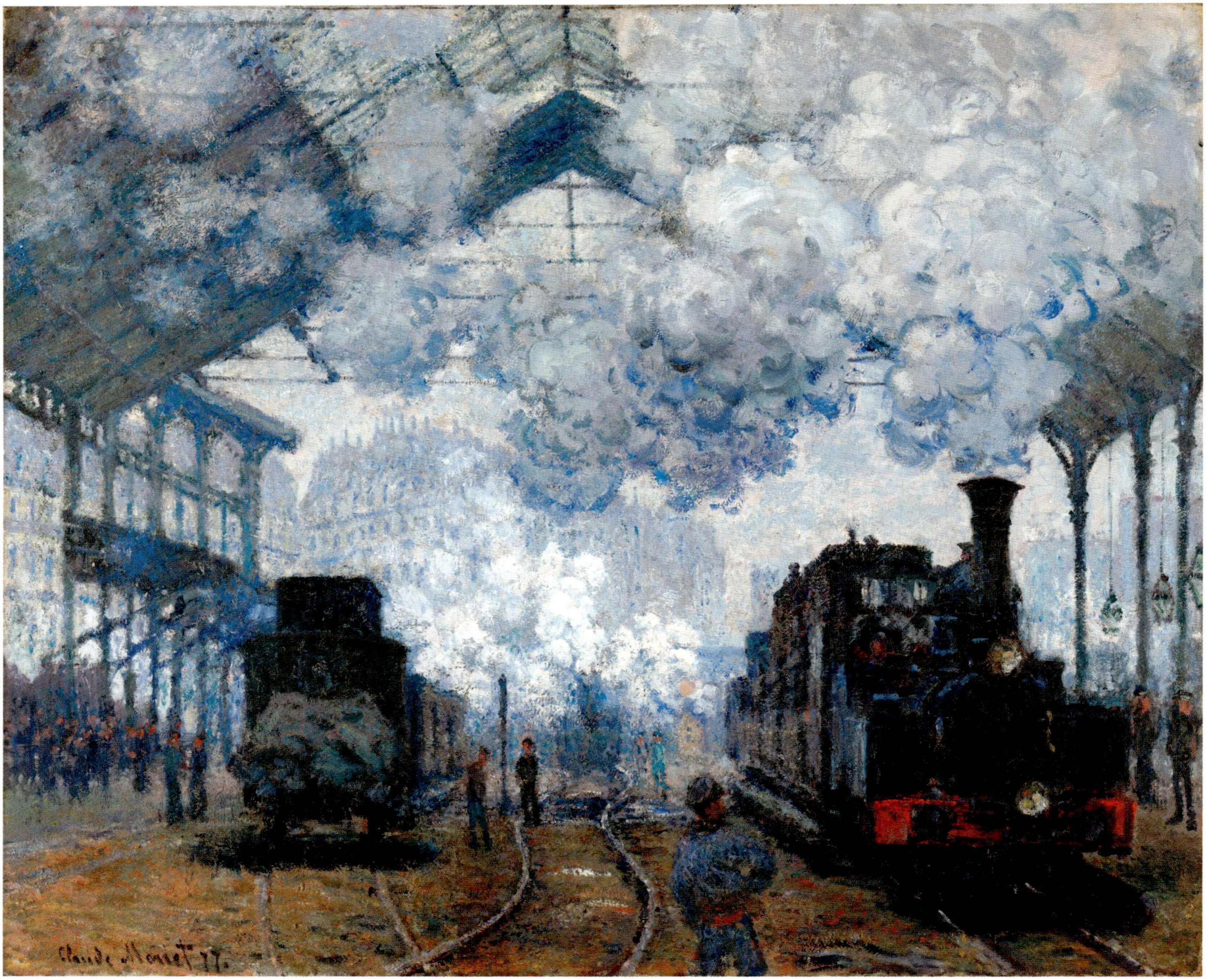

Claude Monet, *La Gare Saint-Lazare, arrivée d'un train*, 1877.

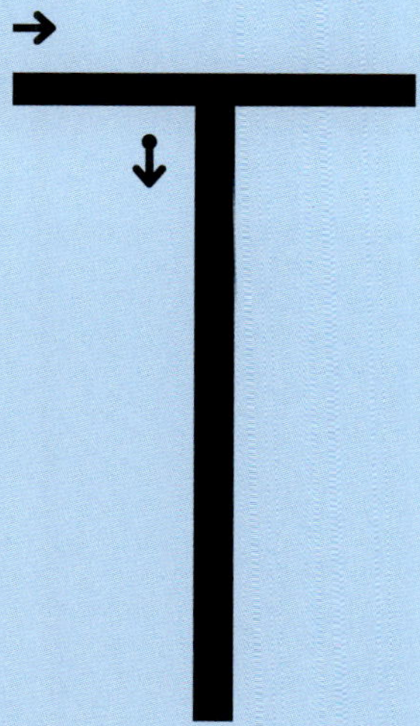

COMME UN
TOIT

COMME UN
TRAIN

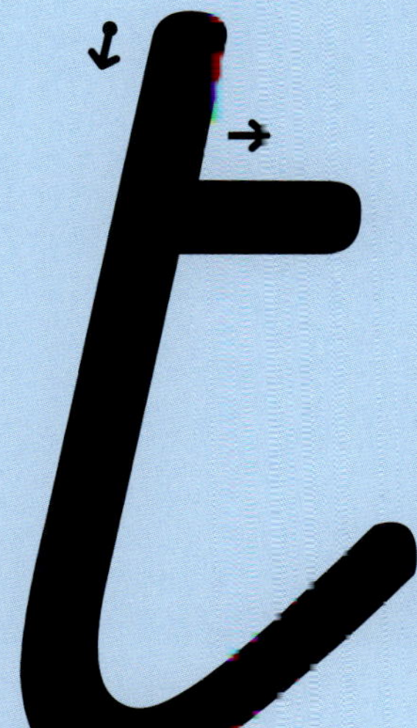

CHERCHE ET TROUVE

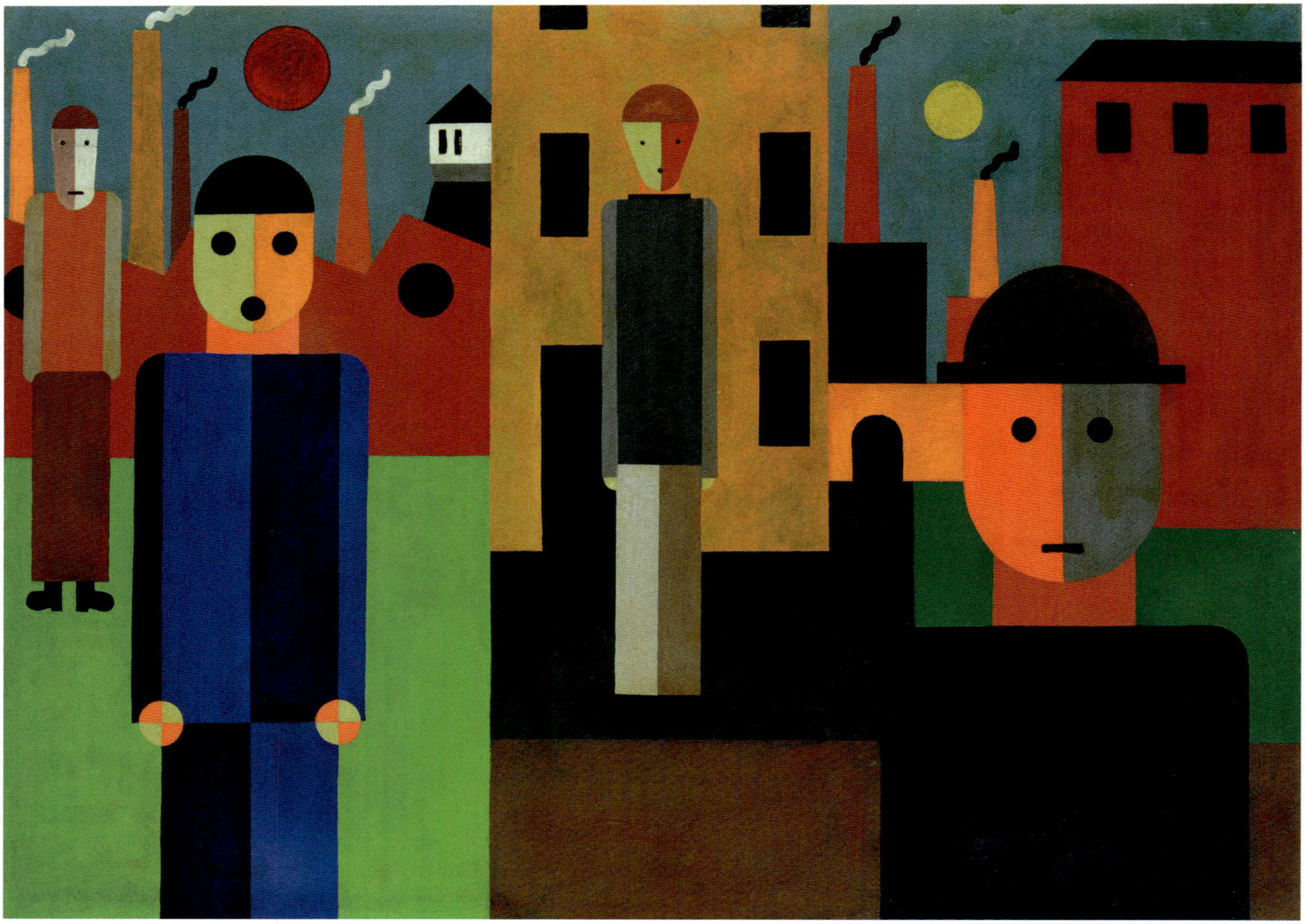

Franz W. Seiwert, *Usines*, 1926.

U

COMME UNE
USINE

u

CHERCHE ET TROUVE

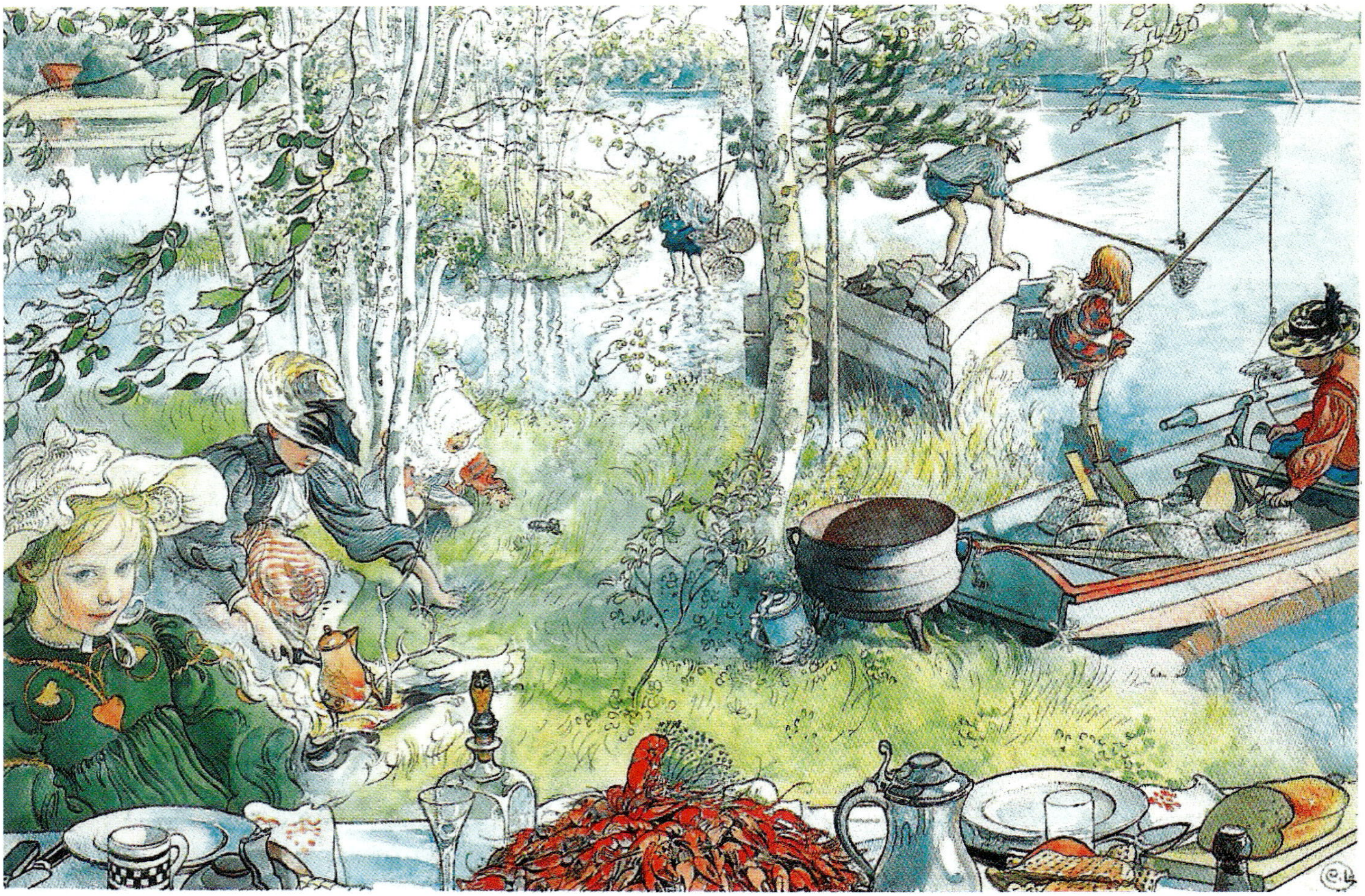

Carl Larsson, *La Pêche aux écrevisses*, 1894-1896.

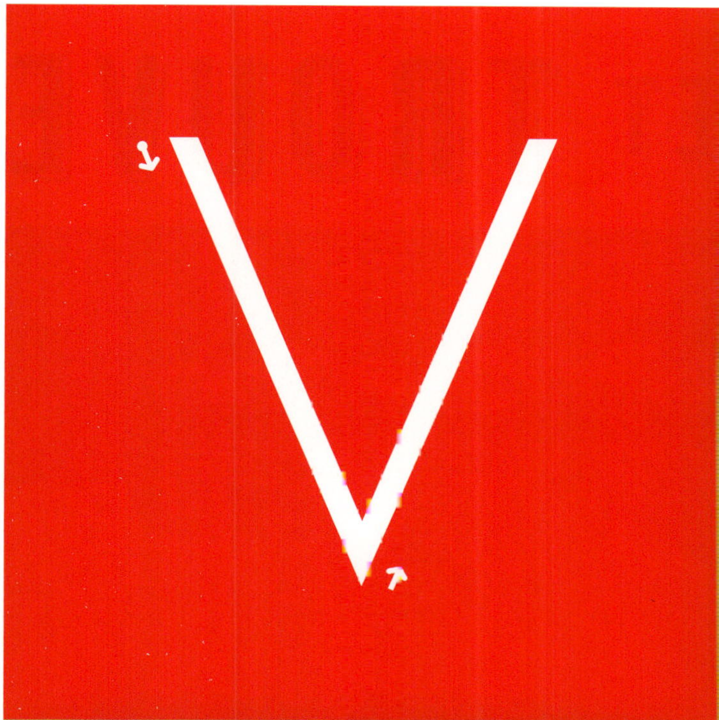

COMME UN
VERRE

COMME DU
VERT

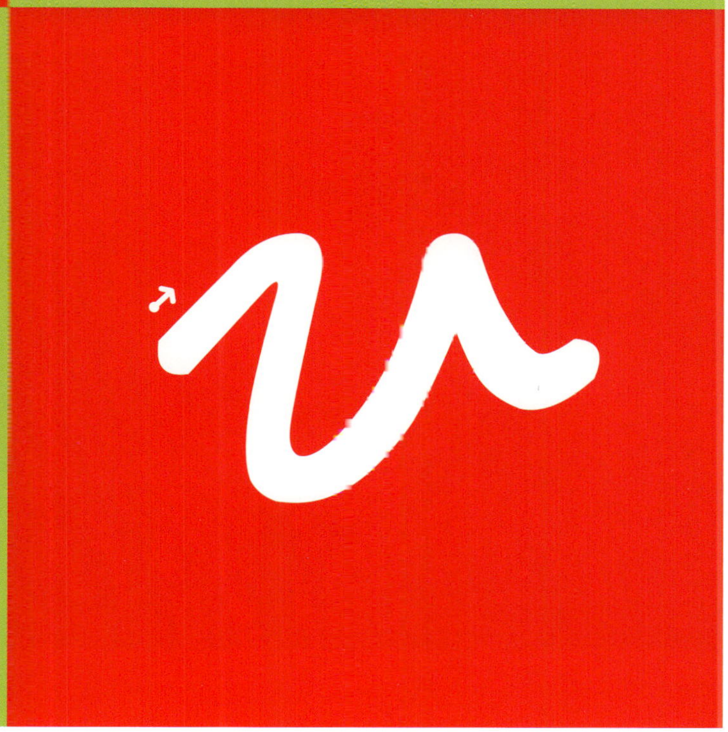

CHERCHE ET TROUVE

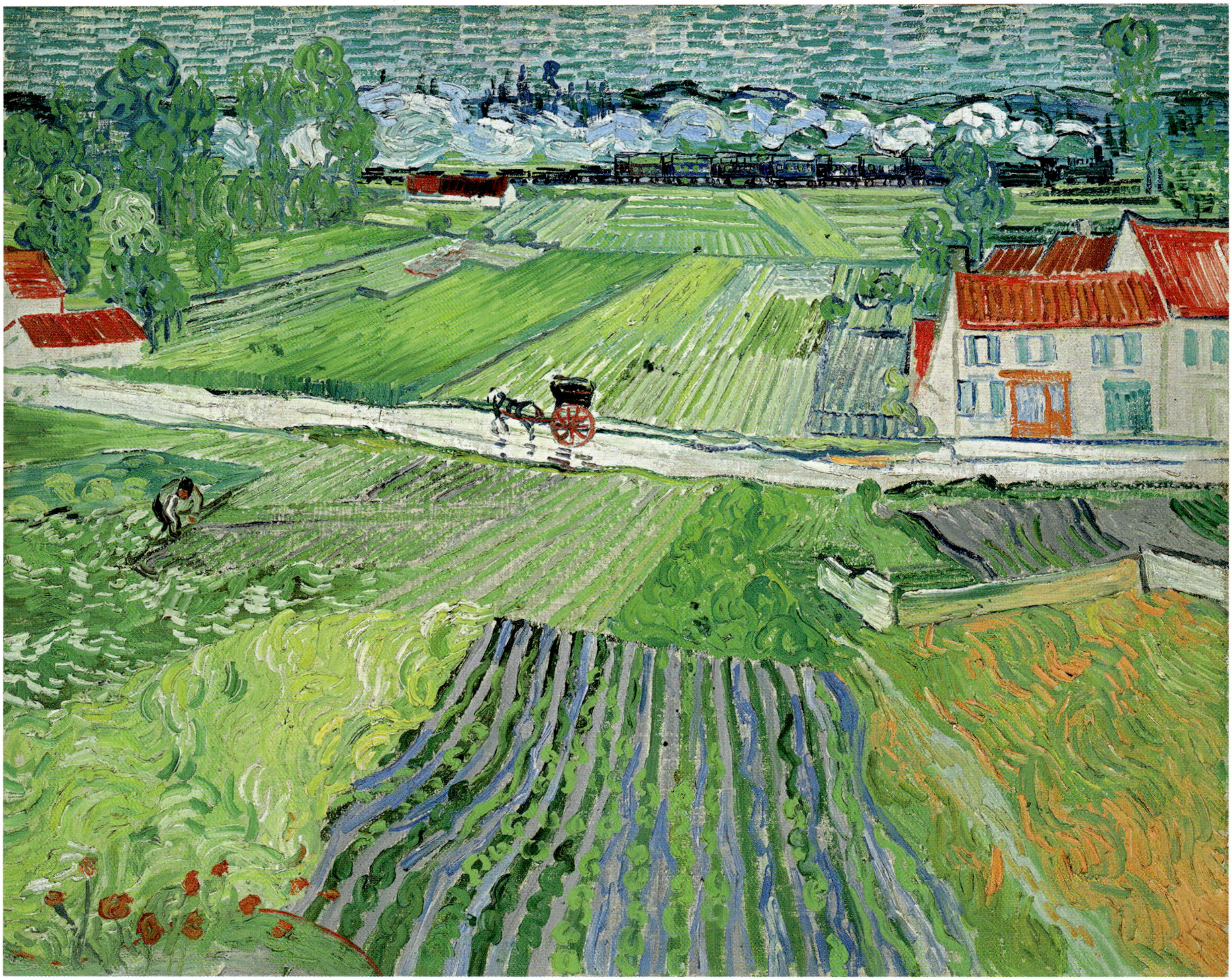

Vincent van Gogh, *Paysage d'Auvers après la pluie*, 1890.

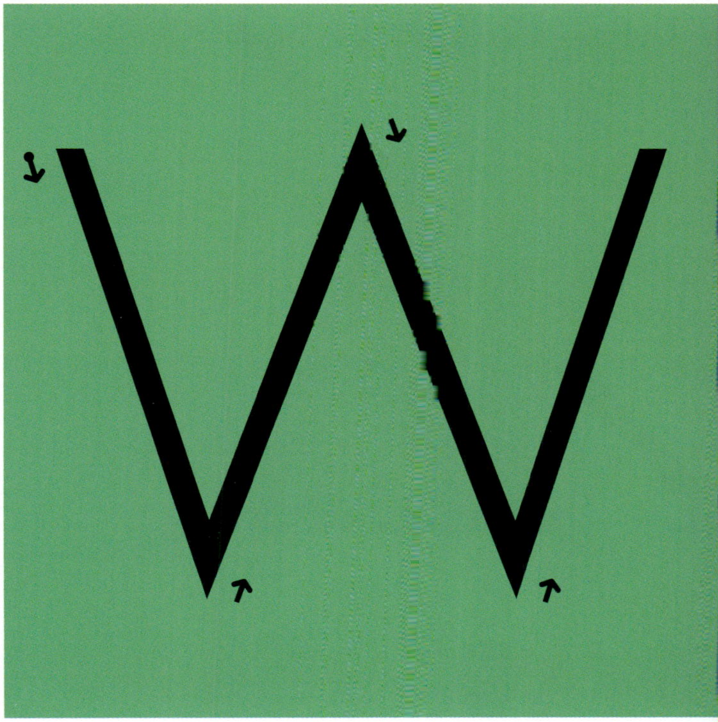

COMME UN

WAGON

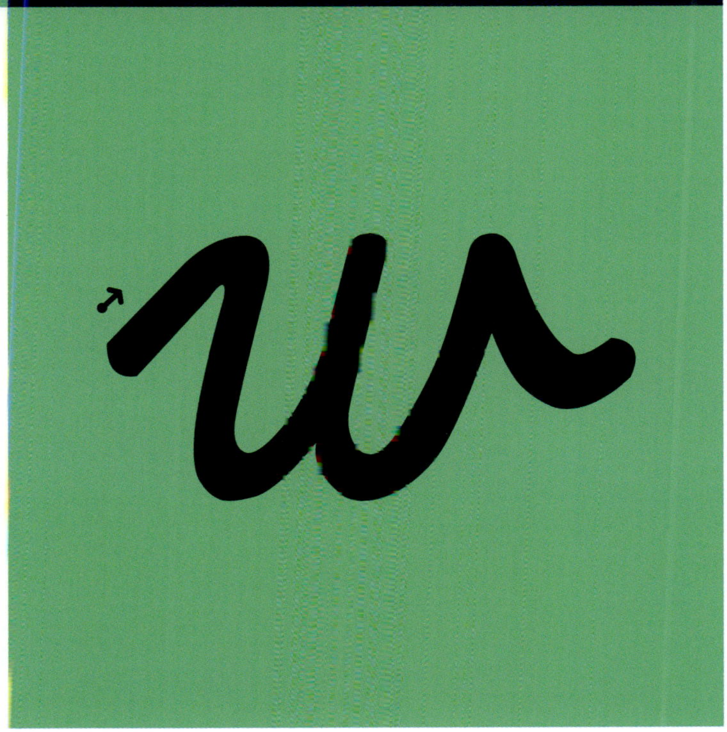

CHERCHE ET TROUVE

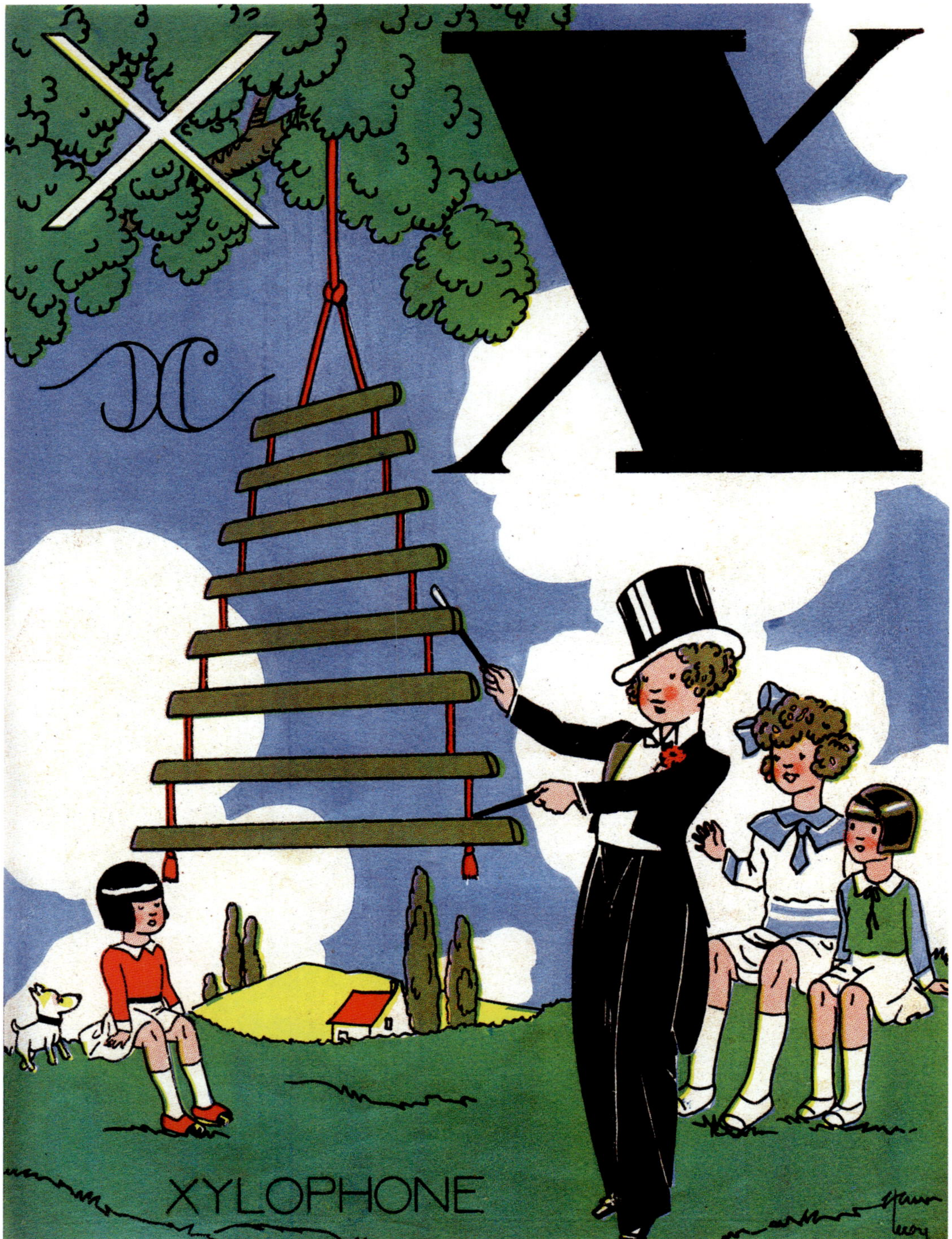

Pierre Leroy, page d'un abécédaire illustrant le mot « xylophone », 1937.

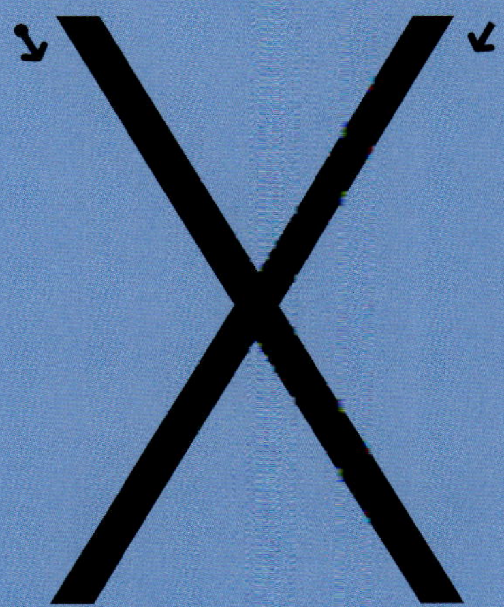

COMME UN

XYLOPHONE

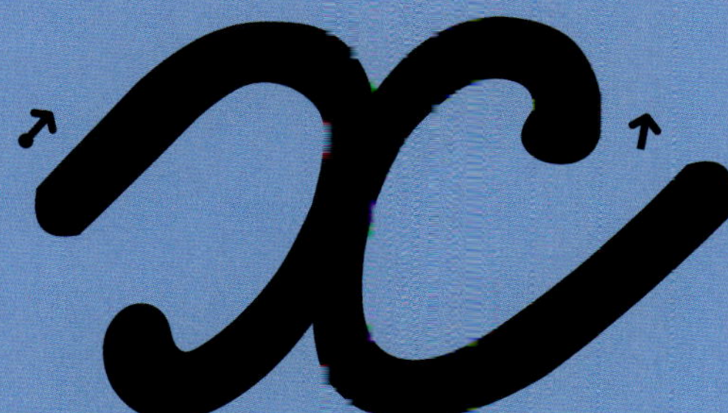

CHERCHE ET TROUVE

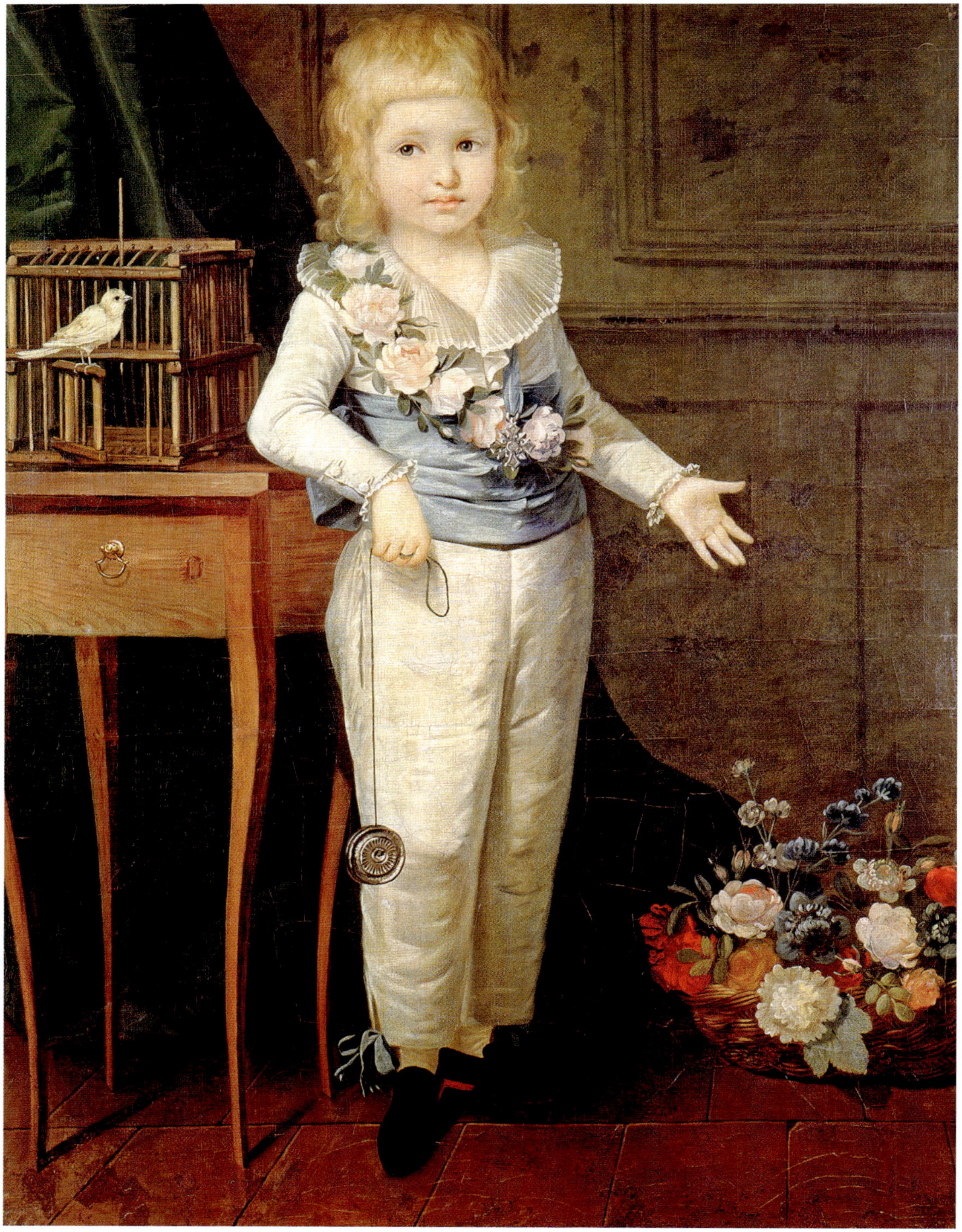

Élisabeth Vigée-Lebrun, *Portrait de Louis-Charles de France, Louis XVII*, vers 1790.

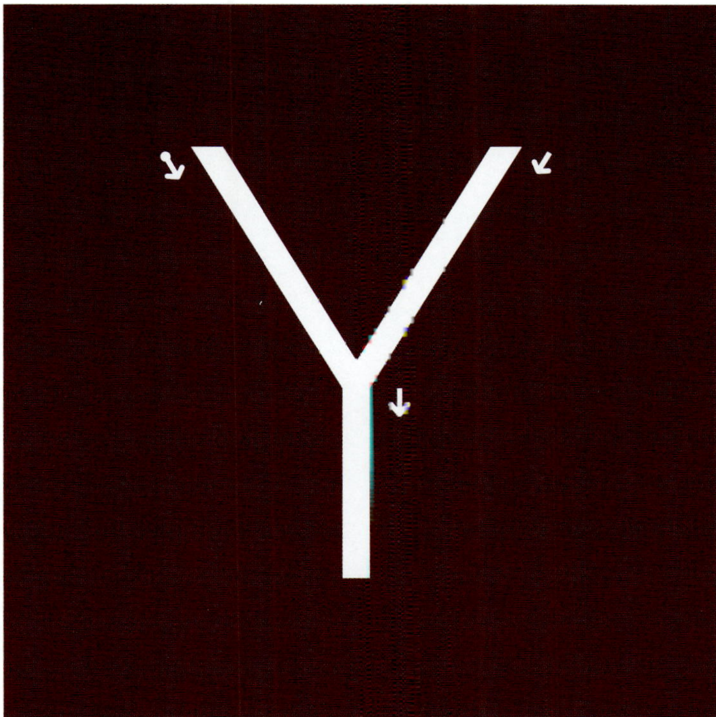

COMME DES
YEUX

COMME UN
YOYO

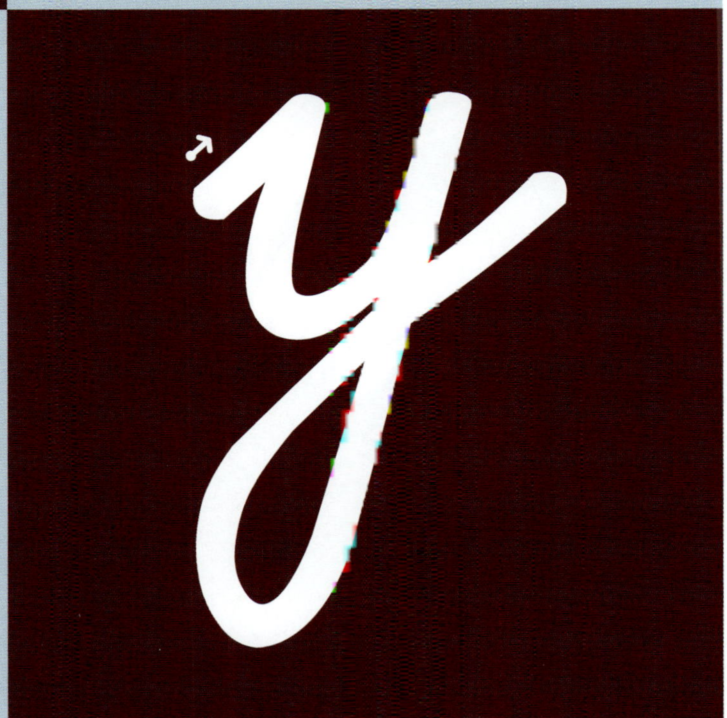

CHERCHE ET TROUVE

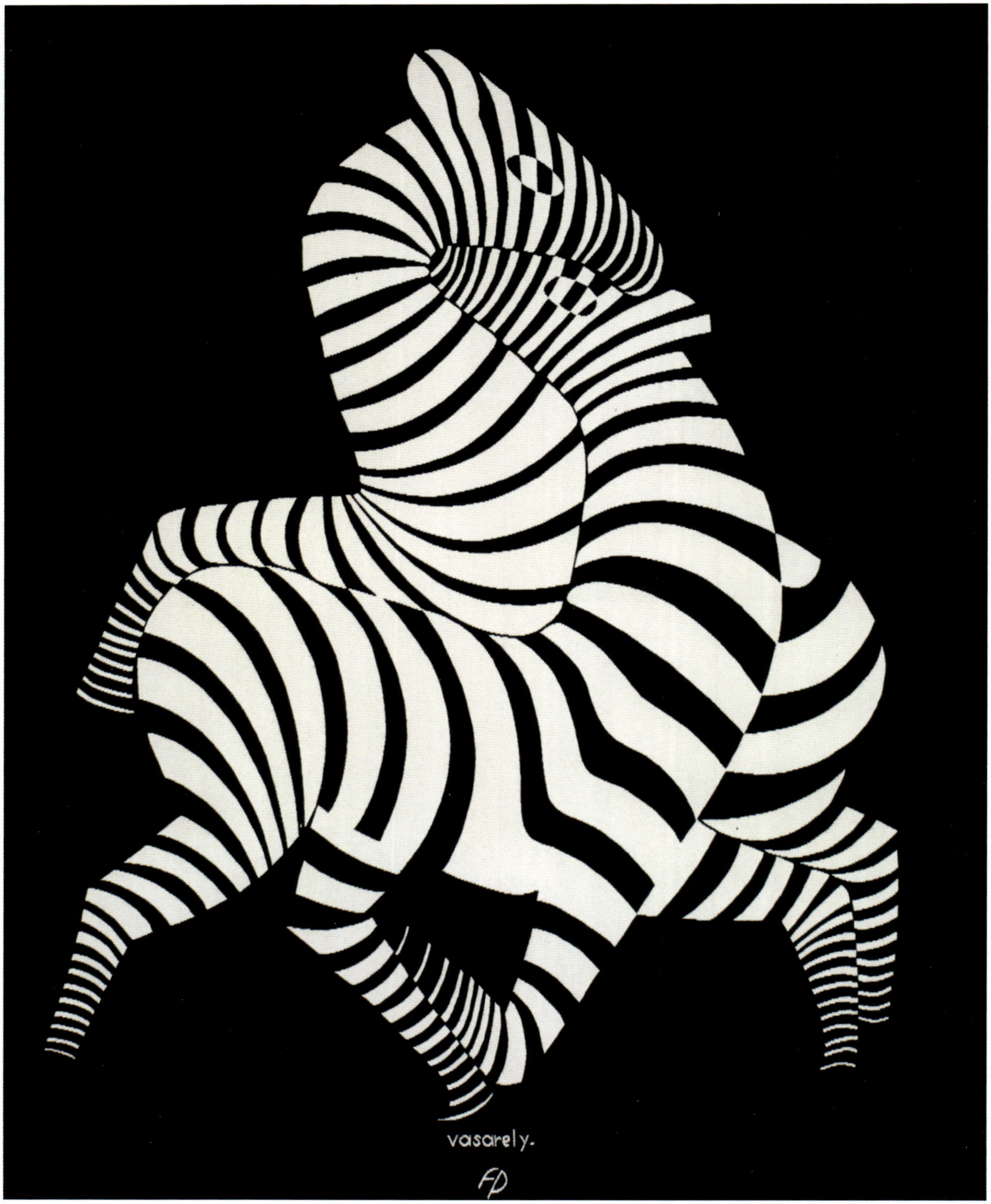

Victor Vasarely, *Zèbre*, 1938.

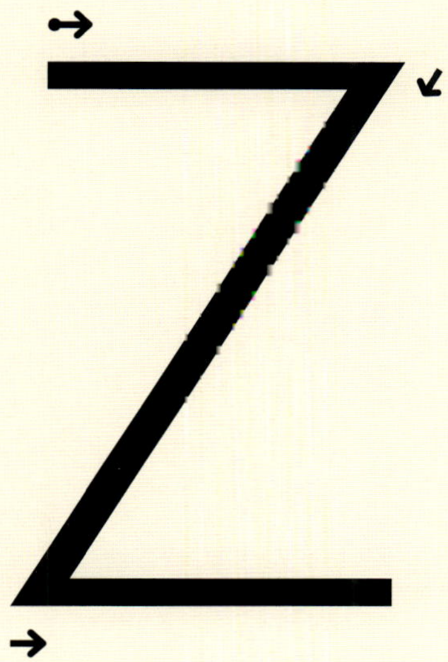

COMME UN
ZÈBRE

COMME UN
ZIG-ZAG

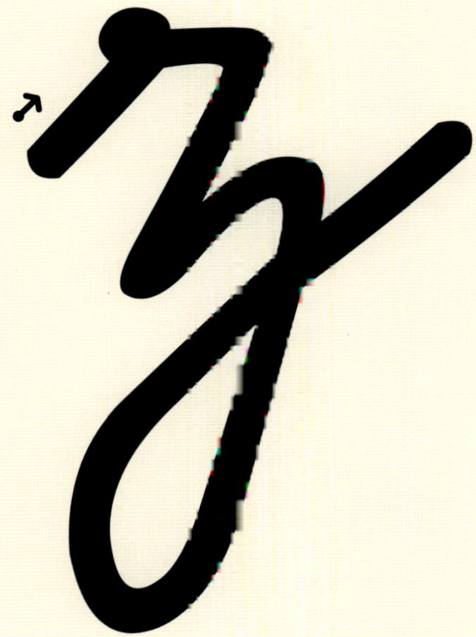

NOM DES ŒUVRES PRÉSENTÉES

Couverture : Norman Rockwell, *Triple autoportrait*, 1960.

p.8 : Norman Rockwell, *Triple autoportrait*, 1960, huile sur toile, 112 × 87 cm, Musée Norman Rockwell, Stockbridge, États-Unis. **p.10 :** Kobayashi Eitaku, *Bonhomme de neige*, œuvre extraite de la série *Jeux d'enfants*, 1888, gravure colorée sur bois, Central Saint Martins College of Art and Design, Londres, Royaume-Uni. **p.12 :** Georges Seurat, *Une Baignade à Asnières*, 1884, huile sur toile, 202 × 301 cm, National Gallery, Londres, Royaume-Uni. **p.14 :** Détail d'un vêtement datant de la dynastie Tang, vers 618-907. **p.16 :** Vincent van Gogh, *La Nuit étoilée*, 1889, huile sur toile, 74 × 92 cm, musée d'Art Moderne, New York, États-Unis. **p.18 :** Giuseppe Arcimboldo, *Le Printemps*, 1573, huile sur toile, 76 × 64 cm, musée du Louvre, Paris, France. **p.20 :** R. C. Dafforn, *Southampton Docks*, 1932, gouache sur papier, 65,5 x 81,5 cm, collection privée. **p.22 :** William St. John Harper, *Mid-Summer, East Hampton, New York*, 1893, huile sur toile, 79,2 × 111,8 cm, collection privée. **p.24 :** Christopher Wood, *Iris dans un grand vase*, 1928, huile sur toile, 60,4 × 50,2 cm, collection privée. **p.26 :** Kasimir Malevitch, *Les Moissonneuses*, vers 1910, huile sur toile, 71 × 103 cm, musée national de Saint-Pétersbourg, Russie. **p.28 :** Ditz, *The Wild Bunch* (trad. *La bande sauvage*), 2015, collection privée. **p.30 :** Mary Stevenson Cassatt, *Madame Cassatt faisant la lecture à ses petits-enfants*, 1880, huile sur toile, 12,7 × 17,78 cm, collection privée. **p.32 :** Jenny Frean, *Ello Darlin*, 2018, acrylique et collage sur toile de lin, 25 × 25 cm, collection privée. **p.34 :** George Barbier, *Feux d'artifices à Venise*, illustration pour *Les Fêtes Galantes* de Paul Verlaine, 1924, impression au pochoir, collection privée. **p.36 :** August Macke, *Jardin zoologique*, 1913, triptyque, huile sur toile, 129,5 × 230,5 cm, Museum am Ostwall, Dortmund, Allemagne. **p.38 :** Paul Cézanne, *Nature morte au panier* ou *La Table de cuisine*, 1888-1890, huile sur toile, 65 × 81,5 cm, musée d'Orsay, Paris, France. **p.40 :** Jean Duvallon, Pub Chocolat Suchard, XXe siècle, chromolithographie, 105 × 55 cm, collection privée. **p.42 :** Vassily Kandinsky, *Tableau XVI, La Grande Porte de Kiev*, 1924, aquarelle et encre sur papier, 21,3 × 27,3 cm, Centre Pompidou, Paris, France. **p.44 :** Henri Rousseau dit Le Douanier Rousseau, *Forêt tropicale avec des singes*, 1910, huile sur toile, 129,5 × 162,5 cm, National Gallery of Art, Washington, États-Unis. **p.46 :** Claude Monet, *La Gare Saint-Lazare, arrivée d'un train*, 1877, huile sur toile, 81,9 × 101 cm, Fogg Art Museum, Cambridge, États-Unis. **p.48 :** Franz W. Seiwert, *Usines*, 1926, huile sur carte, 79 × 109,5 cm, Kunsthalle de Hambourg, Hambourg, Allemagne. **p.50 :** Carl Larsson, *La Pêche aux écrevisses*, 1894-1896, aquarelle, 32 × 43 cm, Nationalmuseum, Stockholm, Suède. **p.52 :** Vincent van Gogh, *Paysage d'Auvers après la pluie*, 1890, huile sur toile, 72 × 90,5 cm, musée des Beaux-Arts Pouchkine, Moscou, Russie. **p.54 :** Pierre Leroy, page d'un abécédaire illustrant le mot « xylophone », 1937, gravure. **p.56 :** Élisabeth Vigée-Lebrun, *Portrait de Louis-Charles de France, Louis XVII*, vers 1790, huile sur toile, 112 × 97 cm, musée Leblanc-Duvernoy, Auxerre, France. **p.58 :** Victor Vasarely, *Zèbre*, 1938, tapisserie tissée à la main, 188 × 156 cm, collection privée.

CRÉDITS